国家中等职业教育改革发展示范学校项目建设系列教材

餐厅服务

李海虹 主编
何 延 邓大贤 副主编

暨南大學出版社
JINAN UNIVERSITY PRESS

中国·广州

图书在版编目（CIP）数据

餐厅服务/李海虹主编；何延，邓大贤副主编．—广州：暨南大学出版社，2015.4
（国家中等职业教育改革发展示范学校项目建设系列教材）
ISBN 978－7－5668－1419－7

Ⅰ.①餐…　Ⅱ.①李…②何…③邓…　Ⅲ.①饮食业—商业服务—中等专业学校—教材　Ⅳ.①F719.3

中国版本图书馆 CIP 数据核字（2015）第 097987 号

出版发行：暨南大学出版社

地　址：中国广州暨南大学
电　话：总编室（8620）85221601
营销部（8620）85225284　85228291　85228292（邮购）
传　真：（8620）85221583（办公室）　85223774（营销部）
邮　编：510630
网　址：http：//www.jnupress.com　http：//press.jnu.edu.cn

排　版：广州联图广告有限公司
印　刷：深圳市新联美术印刷有限公司

开　本：787mm×960mm　1/16
印　张：12.5
字　数：260 千
版　次：2015 年 4 月第 1 版
印　次：2015 年 4 月第 1 次

定　价：28.00 元

总　序

中等职业教育作为国民教育序列的重要组成部分，占据了我国中等教育的半壁江山。中等职业教育承担了为社会经济发展培养和输送中级技能型人才的主要任务，承担了促进中职学生成人、成德、成才的教育任务。因此，中等职业学校的教材必须具有人文教育性、职业特色性和紧随社会经济发展的时代性。

随着社会经济发展和产业结构的转型升级，中等职业教育将进入发展的新常态。社会经济发展对技能型人才的要求也将提出新的标准。社会对技能型人才要求的核心集中在“德技”二字。为此，我们提出“德技树人、德技立身”的职业教育理念，并强调：我们中职教育的教材要成为培养学生“德技”的载体，成为塑造学生良好品德、培养学生良好职业素养和现代职业技能的载体。基于此，我们成立了由教育、行业、企业等领域的专家组成的编纂委员会，指导我校旅游服务与管理、计算机网络技术和电子与信息技术等三个国家示范校重点建设专业的教材编写。在专家的引领下，同时根据社会经济发展、行业特点、岗位特点以及教育规律，我们编写了这套系列教材，以期更好地为培养适应社会经济发展的技能型人才服务。我们相信，这套系列教材能够充分体现理论与技能并重、行业标准与培养目标结合的职业教育特色。

在本套教材的编写过程中，我们参考了大量的文献和专著，并得到了广东省著名教育专家姜蕙女士、广东技术师范学院张辉教授以及韶关市旅游局有关领导的大力支持，在此一并对这些教育专家、行业企业专家以及相关编者、作者致以感谢。

韶关市中等职业技术学校校长

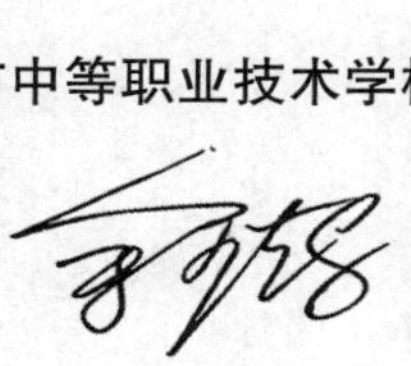

2015 年 3 月

前　言

目前，有不少学校将现有的中等或高等职业技术学校的各种版本的餐饮服务教材作为考证课程教材，但由于这些教材比较强调理论性、系统性、完整性，缺乏实际操作的演示和创新，因此，将这类教材作为国家中级餐厅服务员技能考核的参考用书，显然无法满足考生的实际需求。

虽然我国已有劳动与社会保障局编写的《餐厅服务员》培训教材，但由于该教材内容过于庞杂，针对性不强，实用性不强，不太符合国家中级餐厅服务员技能考核的要求。为此，我们必须对已有的劳动与社会保障局编写的《餐厅服务员》以及各种版本的餐饮服务教材加以整合、提炼、改造，增加现代酒店服务与管理的最新理念，并结合考核的具体要求和本校学生的实际情况，重新编写实用、适合本校的考核专用教材，也即重新开发以“激发—体验—教学”为主的教材。

本教材共分为三个部分。第一部分为“鉴定考核重点”，第二部分为“餐厅服务的基本技能”，第三部分为“模拟试题”。

本教材第二部分有两个特点：一是主要由十个模块组成，每一模块涉及的技能操作都是对上一模块技能操作的提升；二是每一模块的技能操作都配有相应的考核，并采用科学的考核方式，学员同时也是考评人，学员在考核当中进步，体验“强中自有强中手”“学中用，获之牢”的道理。

本教材符合国家中级餐厅服务员考核大纲的要求。学生通过对本教材的学习，达到考核要求，即可获得国家劳动与社会保障部门颁发的中级餐厅服务员职业技能证书。本教材也适合餐馆、酒楼员工及农民工双转移培训教学使用。

通过培训在校学生、餐馆员工及双转移农民工的实践，证明了本书具有易学易懂、实用性强、中级餐厅服务员职业技能证书获得率高等显著特点。本书独创性强，重点强调学员的实际动手能力，实践效果显著。

编　者

2015 年 3 月

目 录

第一部分

鉴定考核重点

模块一　理论知识鉴定考核重点

表 1－1－1　理论知识鉴定考核重点表

行为领域	鉴定范围	鉴定点	重要程度
基础知识（20%）	宾客就餐心理	满足宾客心理需求的服务	Y
		满足宾客高层次心理需求的最佳方法	Y
	推销意识	如何进行自我推销	X
		如何做到有针对性地推销	X
		如何使用推销语言	X
		如何做好餐后推销	X
		如何做好高利润菜肴的推销	Y
	针对不同性格的顾客采用不同的服务方式	针对急躁型宾客的服务方式	X
		针对活泼型宾客的服务方式	X
		针对稳重型宾客的服务方式	X
		针对忧郁型宾客的服务方式	X
		言语所反映出的性格、情绪	X
		仪容、仪表、身体语言所反映出的性格、情绪	X
	餐厅服务中的公共关系	“微笑”和形体语言的表达方式	X
		认真倾听的原则和说话的艺术	X
		询问客人问题的技巧和回答客人问题的技巧	X
		投诉的处理方法和做好公关工作的具体方法	X
专业知识（70%）	宴会服务	宴会的种类、目的和意义	Y
		宴会服务前的准备工作及注意事项	X
		宴会进行过程中的服务	X
	餐厅的组织结构与岗位职责	餐厅的组织结构	Y
		各岗位的职责	X
	餐厅的布局	中、西餐厅的布局	X
		中、西餐厅餐具、用具的配备	Y

（续上表）

行为领域	鉴定范围	鉴定点	重要程度
专业知识（70%）	中餐宴会厅的设备配备	视听设备、宴会装饰物等的配备	X
	西餐宴会厅的设备配备	西餐大、小型坐式宴会的台型设计	X
	中国酒知识	白酒、果酒、黄酒、啤酒的主要特点	Z
	外国酒知识	蒸馏酒的种类	Z
	鸡尾酒知识	鸡尾酒的特点、原料、类别	Z
	插花知识	中、西方插花艺术及特点	Z
	中餐宴会的上菜、分菜服务	上菜、分菜的基本要求和注意事项	X
		单、多桌宴会分菜的要求及注意事项	X
	西餐宴会的上菜、分菜服务	西餐宴会的上菜、分菜顺序和原则	Z
		英、法、美等国家宴会服务的规则	X
相关知识（10%）	清洁器具的使用和保养	吸尘器、洗碗机等的使用和保养	X
	空调设备的使用和保养	空调机等的使用和保养	X
	视听器具的使用和保养	电视机等的使用和保养	X

注：“X”表示“核心要素”，是考核中最重要、出现频率最高的内容；“Y”表示“一般要素”，是考核中出现频率一般的内容；“Z”表示“辅助要素”，在考核中出现的频率较低。

模块二　操作技能鉴定考核重点

表 1－1－2　操作技能鉴定考核重点表

行为领域	鉴定范围	鉴定点	重要程度
操作技能（75%）	中餐宴会的餐桌布局	大、小型宴会厅的餐桌安排及要求	Y
		工作台的设置	X
	中餐宴会的宾主位次	单、多桌宴会的宾主位次	X
	中餐宴会的铺台	台布的铺放方法及要求	X
		铺设桌裙的方法及注意事项	X
	中餐宴会的上酒顺序	上酒的顺序	X
		单桌宴会的上酒顺序	X
	中餐宴会的上菜顺序	上菜的基本顺序和要求	X
		上菜的位置及摆菜时的基本要求	X
		单、多桌宴会的上菜要求	Y
	中餐宴会的分菜程序	分菜的方法和分菜前的准备工作	X
		多桌宴会的分菜要求及注意事项	Y
	西餐宴会的餐桌布局	西餐宴会的台型和工作台的设置	Y
	西餐宴会的宾主位次	单、多桌宴会的宾主位次	Y
	西餐宴会的铺台	台布的铺放方法	X
	西餐宴会的斟酒	餐前酒的斟倒	X
		白酒、红酒、香槟的斟倒	X
		餐后酒的斟倒	X
	西餐宴会的服务方式	上菜时的宾主顺序	Y
		法式宴会服务的规则	X
		美式宴会服务的规则	X
	中餐菜单的拟定	设计团体包餐菜单应考虑的情况	Y
		设计团体包餐菜单应注意的问题	X
		设计宴会菜单要注意的问题	X
		设计宴会菜单应掌握的环节	X

（续上表）

行为领域	鉴定范围	鉴定点	重要程度
操作技能（75%）	西餐菜单的拟定	设计套餐菜单应考虑的因素	Y
		宴会菜单的拟定	Y
	分鱼	糖醋整鱼的分鱼步骤	X
		清蒸整鱼的分鱼步骤	X
工具及使用（10%）	中餐宴会铺台及用具	中餐宴会使用的台布的种类和选用原则	Y
		托盘、餐巾、中餐餐具	Y
	西餐宴会铺台及用具	台布、台裙的种类及颜色	Y
	分鱼用具	分糖醋整鱼、清蒸整鱼等的用具	Y
卫生问题及其他（15%）	操作卫生	铺台布的卫生要求	Y
		斟酒水时应注意的卫生问题	X
		中、西餐分菜时应注意的卫生问题	X
		摆餐具时应注意的卫生问题	X

注：“X”表示“核心要素”，是考核中最重要、出现频率最高的内容；“Y”表示“一般要素”，是考核中出现频率一般的内容；“Z”表示“辅助要素”，在考核中出现的频率较低。

第二部分

餐厅服务的基本技能

模块一　服务礼仪

一、语言礼仪

发音是语言的基本特征之一。我国要求服务员在各种服务场所必须使用普通话，而中级餐厅服务员还要求掌握一定的餐厅英语，在广东地区工作的餐厅服务员最好还能说一口流利的粤语，在日式餐厅工作的服务员最好掌握一定的餐厅日语，在高级西餐厅工作的服务员最好会说一些常用的餐厅法语。

（一）标准普通话训练

1．朗读一段300字左右的标准范文

2．发音注意事项

（1）分清平舌音与翘舌音。广东人要特别注意分清“s”和“sh”，“z”和“zh”，“c”和“ch”的发音。

（2）语气助词、方位词、叠音词、趋向动词要轻读。

（3）说话语速要适中，让对方有思考的时间，并记住谈话的要点。

（4）使用标准的餐厅服务礼貌用语，切忌用粗俗的语言。

3．餐厅服务常用语

表2－1－1　餐厅服务常用语

场　合	例　句
迎宾语	早上好！先生/小姐，请问一共有几位？请跟我来。
	请往这边走。请坐。请您先看一看菜单。
	请稍候，我马上为您安排。
	请稍等，您的餐台马上就准备好。
	对不起！您跟那位先生合用一张餐台好吗？
	欢迎光临，先生/小姐，请问您是用什么名字预订的？
点菜语	先生/小姐，打扰一下，现在可以为您点菜吗？
	您是否喜欢……？您是否有兴趣品尝今天的特价菜？
	真对不起，这个菜需要一些时间，您多等一会儿好吗？
	真对不起，这个菜刚刚卖完。我们餐厅有刚刚推出的特色菜……。好的，请稍等。
	好的，我跟厨师联系一下，会使您满意的。
	如果您不介意的话，我向您推荐……

（续上表）

场　合	例　句
点菜语	如果您赶时间，我给您安排一些快餐好吗？
	请问您还需要什么吗？您点的菜是……
	您喜欢喝些什么酒？我们餐厅有……
上菜语	您要的菜好了，现在上行吗？
	现在为您上热菜可以吗？
	对不起，请让一让。
	对不起，让您久等了，这道菜是……
	您的热菜已经上齐了，现在可以上主食吗？
	请原谅！我把您的菜搞错了。
	实在对不起！我们马上为您重新做。
	先生/小姐，这是您点的菜。
餐间服务语	先生/小姐，您的菜上齐了，请慢用。
	给您再添点饭好吗？
	您是否还需要些饮料？可乐、雪碧还是……
	您的菜够吗？您想再加点别的吗？
	我可以帮您分一分菜吗？
	我可以为您服务吗？
	对不起，打扰一下，我帮您更换餐碟，谢谢！
	您请用茶，酒杯可以撤走吗？谢谢！
	这是我们餐厅赠送的果盘，请慢用！
	谢谢您的帮助。
	谢谢您的合作。
结账送客语	先生，您的账单，请您过目。
	对不起，请您付现金。
	请付××元，谢谢。这位女士，请问这些菜需要打包吗？
	先生/小姐，这是找给您的钱和收据，谢谢！
	请在这里签上您的名字和房间号。
	谢谢！欢迎您再来。
	再见！欢迎您再次光临。

（二）餐厅英语训练

1．常用餐具、食物名称

表 2－1－2　常用餐具、食物中英文对照表

中　文	英　文	中　文	英　文	中　文	英　文
茶具	tea set	蜡烛台	candle holder	咖啡具	coffee set
鱼叉	fish fork	白兰地杯	brandy snifter	点心叉	dessert fork
汤碗	soup bowl	汤匙	soup spoon	黄油刀	butter knife
盐	salt	水果刀	fruit knife	装饰盘	show plate
叉子	fork	胡椒粉	pepper	田螺夹	escargot tong
牙签	toothpick	冰桶	ice pot/bucket	谷物早餐碗	cereal bowl
桌布	table cloth	鸡蛋杯	egg cup	玻璃杯	glass
盘子	plate/dish	咖啡勺	coffee spoon	小咖啡匙	demitasse spoon
糖	sugar	奶盅	creamer	咖啡杯和底盘	coffee cup & saucer
餐巾	napkin	酱料盅	sauce boat	洗手碗	finger bowl
餐巾纸	paper	托盘	serving tray	面包篮	bread basket
水壶	water pitcher	保温锅	chafing dish	有盖汤碗	soup tureen
筷子	chopsticks	餐刀	table knife	鸡尾酒缸和匙	punch bowl & ladle
牛肉	beef	小牛肉	veal	生菜	lettuce
羊肉	mutton	大马哈鱼	salmon	芹菜	celery
羊羔肉	lamb	沙丁鱼	sardine	芥菜	mustard leaf
猪肉	pork	鳕鱼	cod fish	西兰花	broccoli
火鸡	turkey	熏鳕鱼	finnan	甘蓝	kale
鸽子	pigeon	蛙腿	frog legs	黄豆芽	soybean sprout
火腿	ham	象拔蚌	panopea abrupta	豌豆	pea
鹌鹑	partridge	鲜鲍	fresh abalone	苦瓜	bitter gourd
香肠	sausage	石斑鱼	garoupa	茄子	eggplant
咸肉	bacon	鲜带子	fresh scallop	冬菇	dried mushroom
蜗牛	snail	斜齿鳊	roach	金针菇	needle mushroom
鲈鱼	perch	海螺	sea conch	草菇	button mushroom
章鱼	octopus	鳜鱼	mandarin fish	香菇	champignon
牡蛎	oyster	青瓜	cucumber	芋头	taro
大虾	prawn	冬瓜	white gourd	山药	yam
小虾	shrimp	洋葱	onion	豆腐	bean curd
龙虾	lobster	土豆	potato	南瓜	pumpkin
蟹	crab	菠菜	spinach	蘑菇	mushroom
海参	sea slug	西红柿	tomato	小黄瓜	gherkin

2. 礼貌用语

表2－1－3　餐厅服务基本英语

句式	例句	
	英文	中文
称谓语	May I have your name, please? Mr/Miss sir/madam/lady	请问您贵姓？ 先生/小姐 先生/太太/女士
欢迎语	Welcome to our restaurant.	欢迎您光临我们的餐厅。
	Look forward to your arrival.	恭候您的到来。
	Good evening, welcome to the grill room, have you made a reservation?	晚上好，欢迎您来我们的餐厅，请问您订座了吗？
	Would you like to have a drink in our bar? I'll call you as soon as the table is ready.	要到我们的酒吧喝饮品吗？如有座位我马上来请您。
问候语	How do you do!	您好！
	Long time no see. How are you?	多日不见，您好吗？
	Have a nice day!	愿您今天过得愉快。
祝贺语	I wish you a happy holiday!	祝您节日愉快！
	Merry Christmas!	圣诞愉快！
征询语	What can I do for you?	我能为您做些什么吗？
	We have hard roll, soft roll and rye bread. Which one would you like?	我们有硬包、软包和麦包，请问您喜欢哪种呢？
	Here is your sauce / mustard. Would you like the sauce / mustard on the side or on the top?	这是您的酱汁/芥末。请问您喜欢您的酱汁/芥末是放在旁边还是上面呢？
	Excuse me, sir/madam, do you want separate bill or just in master bill?	请问先生/小姐，您是分单还是不分单？
	Would you like some drink before your dinner? Beer, cocktail or fruit juice?	请问您餐前喝些什么饮品？啤酒、鸡尾酒还是果汁？
	Here is our wine list. May I take it away?	这是我们的酒单。请问我可以把它拿走吗？
	Would you like to order a bottle of red wine to go with your steaks?	您要一瓶红葡萄酒配您的牛排吗？
	What about a bottle of white wine to go with your seafood, sir?	先生，您要一瓶白葡萄酒配您的海鲜吗？
	May I take your order?	请问您现在点菜吗？
	Would you like to have table d'hote or a la carte?	您是选择套餐，还是零点呢？

（续上表）

句式	例句	
	英文	中文
温馨提示语	Enjoy your dinner! Enjoy your drink!	请享用您的晚餐。请慢用。
	All your dishes are served now. Please enjoy your meal.	所有的菜都上齐了，请享用。
	Please don't smoke here.	请不要在这里抽烟。
答应语	You are welcome.	不客气。
	It's my duty. At your service.	这是我应该做的。很高兴为您服务。
	I'll get you a knife and fork.	我给您拿刀叉。
	It's my pleasure (to serve you).	非常高兴为您服务。
	I'm really sorry. Please wait for a few more minutes.	非常抱歉，请再等几分钟。
	Thank you for your cooperation.	谢谢您的合作。
告别语	Good bye!	再见！
	Have a good trip!	一路平安！
	Here is your bill. Thank you very much!	这是您的账单，非常感谢！
	Take care. Hope to see you again!	慢走，欢迎您再来！
	Thank you. Please come again.	多谢光临，欢迎再来。
道歉语	I'm sorry to disturb you.	打扰您了。
	We'll take some measures immediately and try our best to satisfy you.	我们立即采取措施尽量使您满意。
婉言推托语	I'm sorry I can't help you.	很遗憾，我不能帮您的忙。
	It's very kind of you, but...	承您的好意，但是……
	I'm afraid this food takes quite a while to prepare. Would you care to wait?	恐怕这道菜需花一点时间，您介意等等吗？
	I'm sorry but there is no table available just now. Would you mind to wait?	对不起，现在没有空桌，等等行吗？

视野链接

日式餐厅基本服务用语

表2－1－4　日式餐厅基本服务用语

句　式	例句（日文）	例句（中文）
欢迎语	ご来店（らいてん）どうもありがとうございます。	欢迎光临本店。
	いらっしゃいませ。	欢迎光临。
问候语	おはようございます。	早安。
	こんにちは。	午安。
	こんばんは。	晚安。
引领语	何（なに）かお手伝（てつだ）いでもいたしましょうか?	需要我效劳吗?
	何（なに）かご用（よう）ですか?	要我帮什么忙吗?
	ご予约（よやく）ありませんでしょうか?	请问有预约吗?
	何名様（なんめいさま）ですか?	请问几位?
	こちらへどうぞ。	这边请!
	どうぞお掛（か）けください。	请坐!
祝贺语	ご机嫌きげんよう。	祝您愉快。
	お祝日しゅくじつを楽たのしく過（す）ごすように。	祝您节日愉快!
征询语	すみません、おメニューこちらどうぞ!	对不起，这是菜单!
	もう決（き）められましたか?	可以开始点菜了吗?
	飲（の）み物（もの）は何（なに）にしますか?	要点什么喝的?
	何（なに）を召（め）し上（あ）がりになりますか?	您想要吃/喝点什么?
	ほかに何（なに）か?	还要别的吗?
	すみませんが、お皿（さら）を下（さ）げてもよろしいですか?	对不起，盘子可以收了吗?
温馨提示语	こちら×××（料理名）となります!	这是×××菜!
	どうぞごゆっくり。	好好享用吧!
	足元（あしもと）にご注意（ちゅうい）ください。	注意台阶/小心地板滑。

（续上表）

句式	例句	
	日文	中文
答应语	どうもありがとうございました!	非常感谢!
	これですか……そうですね。	这个嘛，让我想一想。
	お待（ま）ちしてください。	请等一下。
	少々（しょうしよう）お待（ま）ちしてください。	请稍候。
	かしこまりました。	明白了。
	よろしくわ願ねがいいたします。	请多关照。
	ありがとうございます。	谢谢!
结账语	ご会計（かいけい）ですか?	您要结账?
	どうもありがとうございます! ××××円（えん）を顶戴（ちょうだい）いたします!	谢谢! 一共是××××日元!
	しめて498 元（よんひゃくきゅうじゅうはちげん）です。	总共是 498 元。
	五百元（こひゃくげん）お預（あず）かりします。	收您 500 元。
	これがお釣（つ）りです。どうもありがとうございます。	这是找您的，谢谢。
	ご勘定（かんじょう）は何（なん）でなさいますか?	您要如何结账?
	現金（げんきん）ですか、カードですか?	付现或刷卡?
	ここにサインをどうぞ。	请在这里签名。
告别语	ありがとうございました，またお越（こ）しくださいませ!	谢谢了，欢迎再来!
道歉语	すみませんが、どういう意味（いみ）でしょうか?	抱歉，我不懂你的意思。
	すみません。ちょっと聞（き）き取（と）れませんでした。	什么? 请再说一遍。
	お待たせいたしました。	让您久等了。
	失礼（しつれい）いたします。	打搅一下。
	申もうし訳わけございません。	十分对不起。
	恐おそわ入（い）りますが……	不好意思。
婉言推托语	すみませんが、売（う）り切（き）れです。	对不起，卖光了。
	すみませんが、かんばんですが……/そろそろ店（みせ）じまいですが……	抱歉，餐厅要打烊了。

日式餐厅常用日语词汇

表 2-1-5　日式餐厅常用日语词汇

中　文	日　文	读　音	中　文	日　文	读　音
筷子	はし	hashi	水	みず	mizu
酱油	しょうゆ	shouyu	清酒	せいしゅ	seishu
烟灰缸	はいざら	haizara	冰	氷（こおり）	koori
盐	しお	shio	牙签	つまようじ	tsumayouji
毛巾	タオル	taoru	辣椒	とうがらし	tougarashi
天妇罗	天（てん）ぷら	tenpura	芥末	わさび	wasabi
寿司	すし	sushi	生鱼片	刺身（さしみ）	sashimi

法式餐厅基本服务用语

表 2-1-6　法式餐厅基本服务用语

句　式	例　句	
	法　文	中　文
称谓语	Madame/Mesdames, monsieur/messieur.	女士/小姐，先生。
	Voici Monsieur/Madame/Mademoiselle...	这是……先生/夫人/小姐。
欢迎语	Bienvenu!	欢迎你！
	Enchanté!	很高兴认识你！
	Madame/Mesdames, monsieur/messieurs, bonjour/bonsoir. Vous êtes combien?	先生/小姐，早上好/晚上好，请问一共有几位？
	Madame/Mesdames, monsieur/messieur, bonjour/bonsoir. Avez-vous réservé?	先生，小姐，早上好/晚上好，请问有预定吗？
问候语	Bonjour.	您好。
	Bonsoir.	晚上好。
祝贺语	Bonne année!	新年好！
	Joyeux Nöel!	圣诞快乐！
	Joyeux anniversaire!	生日快乐！
	Bonne fête!	节日快乐！
	Bon appétit!	祝你胃口好！
	Bonne chance!	祝你好运！
	Bon voyage!	一路顺风！
	Bonne route!	一路平安！

（续上表）

句式	例句	
	法文	中文
征询语	Puis-je prendre votre commande?	我可以为你们点餐了吗？
	Voulez-vous un petit apéritif?	要开胃酒吗？
	Voulez-vous une entrée?	你们要点头盘吗？
	Que voulez-vous en accompagnement?	你们需要什么配菜？
	A quelle cuisson pour la viande?	肉要几分熟的？
	Que voulez-vous comme boisson?	要点什么饮料吗？
	Voulez-vous encore du vin?	您还要点葡萄酒吗？
	Voulez-vous du café?	您要喝点咖啡吗？
	Voulez-vous boire quelque choce?	您要点菜吗？
	Erminé? Puis-je vous debarrasser?	吃完了？可以收走了吗？
温馨提示语	C'est pour vous.	这是给您的。
	C'est offert par la maison.	这是免费赠送的。
答应语	Oui，merci.	好的，谢谢。
	Merci beaucoup.	非常感谢。
	De rien.	别客气。
告别语	Merci beaucoup，mesdames et messieurs. Au revoir et à la prochaine!	谢谢先生小姐。再见，期待您下次光临！
道歉语	Pardon.	对不起。
	Je suis vraiment désolé（e）.	我很抱歉。
	Excusez-moi de vous déranger.	对不起打扰您了。
引领语	Par ici.	请从这边走。
	Asseyez-vous.	请坐。

技能实训　语言礼仪

【实训方法】

3～4人为一组，分组进行。1人实训，其余人员参照技能考评标准进行评分，而后轮换。教师预先准备好题目让学生抽题回答。

【实训场地】

在条件允许的情况下，最好选择语音训练室进行训练；没有语音训练室的学校也可在教室进行。可利用早读课时间进行。

【实训内容】

（1）普通话语音语调训练。朗读一段300字左右的范文。

参考范文：

与人相见说您好，问人姓氏说贵姓，问人住址说府上。
仰慕已久说久仰，长期未见说久违，求人帮忙说劳驾。
向人询问说请问，请人协助说费心，请人解答说请教。
求人办事说拜托，麻烦别人说打扰，求人方便说借光。
请改文章说斧正，接受好意说领情，求人指点说赐教。
得人帮助说谢谢，祝人健康说保重，向人祝贺说恭喜。
老人年龄说高寿，身体不适说欠安，看望别人说拜访。
请人接受说笑纳，送人照片说惠存，欢迎购买说惠顾。
希望照顾说关照，赞人见解说高见，归还物品说奉还。
请人赴约说赏光，对方来信说惠书，自己住家说寒舍。
需要考虑说斟酌，无法满足说抱歉，请人谅解说包涵。
言行不妥对不起，慰问他人说辛苦，迎接客人说欢迎。
宾客来到说光临，等候别人说恭候，没能迎接说失迎。
客人入座说请坐，陪伴朋友说奉陪，临分别时说再见。
中途先走说失陪，请人勿送说留步，送人远行说平安。
初次见面说幸会，等候别人说恭候，请人帮忙说烦请。

（2）掌握餐厅常用英语单词和服务用语。

（3）掌握餐厅接待流程中各环节的标准服务用语，如欢迎语、答应语、席间为客人服务时常用的征询语等。

【项目考核】

表2-1-7　普通话语音语调训练评分表

考评题目			考评人姓名		
被考评人					
考核内容		分　值	扣　分	扣　分	扣　分
声母、韵母、声调		55			
轻声、儿化		25			
平舌、翘舌		20			
合计得分		100			

表2-1-8　餐厅常用英语评分表

被考评人							考评人姓名		
口　试	分　值（100分）	答案要点	清楚流利	反应敏捷	语音语调	标准时间	扣　分	扣　分	扣　分
英译汉句子	30	20	5	5		5分钟			
汉译英句子	15		5	5	5	5分钟			
英译汉单词	15		5	5	5	5分钟			
汉译英单词	40	20	5	5	10	5分钟			
合计得分									

表2-1-9　餐厅服务用语评分表

考评题目			考评人姓名		
被考评人					
考核内容	考核要点	考评标准	扣　分	扣　分	扣　分
服务中的礼貌用语（每道题说出5句话），满分为10分	在接待服务中能准确规范地使用礼貌用语	答非所问者不得分； 回答的内容不完整酌情扣1～3分，礼貌用语每答出一句给0.5分； 答题时声音过小、语速过快或过慢各扣1分； 吐字不清楚扣2分； 回答的内容只要符合题意应按回答正确记分			
合计得分					

【实训效果】

在工作场合，标准的餐厅服务用语能脱口而出；说话时，吐字清楚，语速适中。

二、提问、应答礼仪

餐厅服务员常与客人面对面打交道，因此，决定餐厅服务质量高低的第一责任人就是基层服务员。基层服务员的主动、热情、耐心、周到及责任心常常表现在其提问、应答的礼仪上，特别是在处理客人投诉时更要注意提问、应答的礼仪规范。

1. 提问技巧和礼仪

首先，必须使用礼貌语言“您好”。注意在对话过程中，保持清醒的头脑，面带笑容，而且还要注意提问方式因人而异，如：针对活泼开朗的客人，提问可以直截了当；针对敏感多疑的客人，在提问时就要更多地掌握提问的分寸。每一个提问都要给客人营造自由的回答气氛，避免失礼和不敬。其次，要认真聆听客人的回答，为表示正在专心聆听并理解客人的意思，应不断报以“好”“是”等应答声，以及点头示意等动作。最后，谈话结束时，还要微笑致谢。

2．应答服务礼仪

在客人做出要提问的举动时，应主动微笑相迎，做好回答问题的准备。要认真聆听客人的提问内容，为表示正在专心聆听并理解客人的意思，应不断报以“好”“是”等应答声，或以简要的、总结性的复述作为反馈。如问话时间较长，应耐心听完。如客人语气粗俗，应控制情绪，保持理智，过滤粗俗言辞后，复述其中心内容，请客人确认，并做好记录。

技能实训　提问、应答礼仪

【实训方法】

5～6人为一组，分组进行。1人实训，1～2人扮演客人，其余人员参照技能考评标准进行评分，而后轮换。教师预先准备好在餐厅发生的案例，让学生抽题进行训练。

【实训场地】

模拟餐厅或教室。

【实训内容】

（1）模拟为客人预订席位时的服务情境，训练常用的服务用语。

（2）模拟为客人点菜时的服务情境，训练常用的服务用语。

（3）模拟席间为客人服务时的情境，训练常用的服务用语。

（4）模拟餐后与客人道别时的情境，训练常用的服务用语。

（5）模拟当客人进入餐厅时的情境，训练常用的服务用语。

【项目考核】

表2－1－10　提问、应答礼仪评分表

考评题目		考评人姓名		
被考评人				
考核内容	分　值	扣　分	扣　分	扣　分
热情相迎，主动对话	10			
专心对话，及时反馈	25			
礼貌用语，面带笑容	25			
表情恰当，耐心细致	15			
控制情绪，化解粗俗	15			
距离得当，不卑不亢	10			
合计得分	100			

表 2－1－11　常用服务用语评分表

考评题目		考评人姓名		
被考评人				
考核内容	分　值	扣　分	扣　分	扣　分
使用礼貌用语	20			
答题时音量适中，语速标准	10			
吐字清晰	10			
具备分析问题和解决问题的基本能力	30			
能妥善解决各种问题	30			
合计得分	100			

【实训效果】

熟练掌握餐厅服务全过程中不同情境下的标准服务用语。为客户提供服务时，能面带微笑，热情主动，专心对话。

三、职业形象礼仪

（一）站姿

表 2－1－12　站姿姿势要领

站　姿	姿势要领	图　示
垂直站姿	身体要端正，收腹、挺胸、立腰，头正、双眼平视，下颚微收，嘴唇微闭，表情自然，面带微笑；手指并拢自然微屈，左右手中指分别压在左右裤缝；腿膝伸直，下体自然挺拔，脚跟并拢，两脚尖张开45°，呈V字形	
叉手站姿	身体要端正，收腹、挺胸、立腰，头正、双眼平视，下颚微收，嘴唇微闭，表情自然，面带微笑。女服务员站立时，两肩水平，右手搭在左手上并放于腹前	

（续上表）

站　姿	姿势要领	图　示
背手站姿	身体要端正，收腹、挺胸、立腰，头正、双眼平视，下颚微收，嘴唇微闭，表情自然，面带微笑。男服务员站立时双脚分开与肩齐宽，身体重心放在两脚中间，不要偏左或偏右；双手交叉背于身后	
背垂手站姿	身体要端正，收腹、挺胸、立腰，头正、双眼平视，下颚微收，嘴唇微闭，表情自然，面带微笑；一只手自然垂下，另一只手背于身后；两脚自然分开，距离与肩齐宽，呈丁字形	
行鞠躬礼	收腹、挺胸，头正、目视对方；行鞠躬礼时面对客人，并拢双脚，在距离客人两三步远时，以腰部为轴，整个腰及肩部向前倾 15°~90°（具体的前倾幅度视行礼者对受礼者的尊敬程度而定），视线由对方脸上落至自己的脚前 1.5 米处（15°礼）或脚前 1 米处（30°礼），同时进行问候；男性双手放在身体两侧，女性双手合起放在身体前面	

（二）坐姿

表 2-1-13　坐姿姿势要领

坐　姿	姿势要领	图　示
正襟危坐式	身体要端正，收腹、挺胸、立腰，头正、双眼平视，下颚微收，嘴唇微闭，表情自然，面带微笑；入座时一脚靠近椅子，另一脚跟上，然后轻稳地坐下，臀部占座椅的 2/3；两膝和双脚并拢，上身挺直，两肩水平，双手放在两腿间	

（续上表）

坐　姿	姿势要领	图　示
垂腿开膝式	身体要端正，收腹、挺胸、立腰，头正、双眼平视，下颚微收，嘴唇微闭，表情自然，面带微笑；坐时上身挺直，双手放在腹部或两腿上，小腿与地面基本垂直，双脚、双膝之间的距离以一拳为宜，双手自然地放在大腿上	
双脚交叉式	身体要端正，收腹、挺胸、立腰，头正、双眼平视，下颚微收，嘴唇微闭，表情自然，面带微笑；坐时上身挺直，双手放在腹部或两腿上，小腿与地面基本垂直，双膝不分开，双脚交叉于正前方	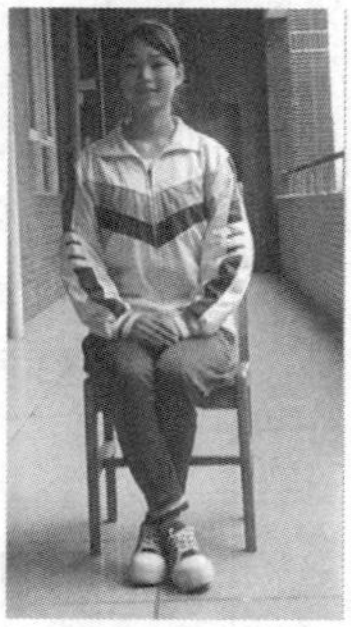
双腿叠放式	身体要端正，收腹、挺胸、立腰，头正、双眼平视，下颚微收，嘴唇微闭，表情自然，面带微笑；入座时，一脚靠近椅子，另一脚跟上，然后轻稳地坐下，臀部占座椅的2/3。女性穿裙子入座时，双手将裙子向臀部拢一下，一条腿搭在另一条腿上，上体与脚同时转向一侧	
双腿斜放式	身体要端正，收腹、挺胸、立腰，头正、双眼平视，下颚微收，嘴唇微闭，表情自然，面带微笑；坐时上身挺直，双手放在腹部或两腿上，双脚双膝不分开，双腿并拢斜向一侧	

（三）行姿

表 2－1－14　行姿姿势要领

行　姿	姿势要领	图　示
“十一字步”行姿	行走时，身体重心向前倾 3°～5°，抬头，肩部放松，上身正直，挺胸、收腹，目视前方，面带微笑；手臂伸直、放松，手指自然微曲，双臂自然前后摆动，摆动幅度为 35 厘米左右，双臂外开不要超过 30°。男子行走时双脚跟形成两条直线，称“十一字步”。男服务员脚步稍大，步伐奔放有力，充分展示男性的阳刚之美；步速适中，一般为每分钟 110 步，步幅一般在 40 厘米左右	
“一字步”行姿	身体要端正，收腹、挺胸、立腰，头正、双眼平视，表情自然，面带微笑；手臂摆动时要以肩关节为轴，手臂外开不要超过 30°，前后摆动幅度为 30～40 厘米。身体重心落在双脚掌的前部，腹部和臀部要上提。女服务员行走时，双脚跟形成一条直线，脚尖正对前方，称“一字步”；一般以每分钟 120 步为宜，步幅一般在 35 厘米左右，或自己的 1～1.5 个脚长	
引导时的行姿	身体要端正，收腹、挺胸、立腰，头正、双眼平视，下颚微收，嘴唇微闭，表情自然，面带微笑；走在服务对象的左侧前方约 1 米处，行进中以对方为中心，经过拐角、楼梯等处，要及时关照提醒；上楼时请服务对象先行，下楼时请服务对象后行	

（四）蹲姿

表2－1－15　蹲姿姿势要领

蹲　姿	姿势要领	图　示
交叉式	身体要端正，收腹、挺胸、立腰，头正、双眼平视，下颚微收，嘴唇微闭，表情自然，面带微笑；左腿在前，左腿搭在右腿上，向下蹲；左脚掌着地，大腿靠紧；右脚跟提起，前脚掌着地；臀部向下，上身稍向前倾，左脚为支撑身体的主要支点	
半蹲式	身体要端正，收腹、挺胸、立腰，头正、双眼平视，下颚微收，面带微笑；右脚在前，左脚在后，向下蹲；右小腿垂直于地面，全脚掌着地，大腿靠紧；左脚跟提起，前脚掌着地；右膝高于左膝，臀部向下，上身稍向前倾，右脚为支撑身体的主要支点	
膝着地式	左脚在前，右脚在后，右膝轻轻地点地，右膝向左腿伸去，紧靠在左边大腿上；右手顺势搭在左膝上，右脚跟提起，前脚掌着地；臀部向下，上身稍向前倾，左脚为支撑身体的主要支点；右手顺势拾物，目视物品，面带微笑	

（五）手势

表2－1－16　手势姿势要领

手　势	姿势要领	图　示
横摆式	五指伸直并拢，拇指与食指成45°，掌心斜向上方，手掌与地面成45°；手臂以肘关节为轴，从腹部之前抬起向一旁摆出，高度在胸、腹之间；身体微向伸出手的方向倾斜，头略往手势所指方向转去；面带微笑，并说“请进”	

（续上表）

手　势	姿势要领	图　示
前摆式或曲臂式	五指伸直并拢，掌心向上，上臂与身体成45°，与身体正面成90°；手臂以肘关节为轴，由身体侧向体前摆动，摆到手与身体相距20厘米处停住；身体略微前倾，头略往手势所指方向倒；面向宾客，面带微笑，目视来宾，并说“里面请”	
双臂横摆式	五指伸直，拇指与食指成45°，手掌心向外倾25°，左右手臂成140°左右；两臂以肩关节为轴，从身体两侧向上方抬起，两肘微曲，向两侧摆出，头部和上身向前倾斜；面向宾客，目视来宾，面带微笑，以示友好，并说“大家请”	
	五指伸直，拇指与食指成45°；双臂以肘关节为轴，从身体两侧向指引方向抬起，指向前进方向，指向前进方向一侧的臂应抬高一些，伸直一些，另一只则稍低一些；上身向伸出手的方向倾斜；面向宾客，目视来宾，面带微笑，以示友好，并说“大家请往前走”	
斜摆式	五指伸直并拢，手与前臂形成一条直线，前臂自上而下放下，手臂略弯曲成140°左右；手臂以肘关节为轴，先从身体的一侧抬起，到高于腰部后，再向下摆去，摆向座位的地方；上身向伸出手的方向倾斜；面向宾客，目视来宾，面带微笑，并说“请就座”	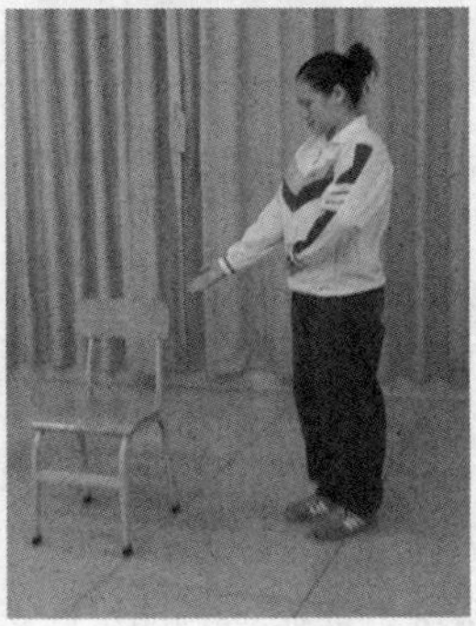

（续上表）

<table>
<tr><th>手　势</th><th>姿势要领</th><th>图　示</th></tr>
<tr><td rowspan="2">直臂式</td><td>五指伸直，拇指与食指成45°，掌心向上，腕关节伸直；以肩关节为轴，屈肘从身前抬起，向指引的方向摆去，摆到肩的高度时停止，肘关节基本伸直；头部转向指引方向，上体微微向前倾，身体侧向来宾，另一只手放背后；面带微笑，并说“请往那里走”</td><td></td></tr>
<tr><td>五指伸直，拇指与食指间成45°，掌心向上，腕关节伸直，手与肩同高；手臂以肩关节为轴，自下而上从身前抬起至胸前，朝指示方向伸出前臂，整个手臂略弯曲；头部转向指引方向，上体微微向前倾，身体侧向来宾，另一只手放在背后；面带微笑，并说“楼上请”“小心台阶”等</td><td></td></tr>
<tr><td>递送或接物品</td><td>手持物品的恰当部位，做到稳妥、自然、到位和讲究卫生；以双手为宜，不方便双手并用时，以右手为宜；将带尖、刃或其他易于伤人的物品朝向自己或是他处；递送的物品有文字或图片时，还须使其正面朝向宾客，使宾客容易识别</td><td>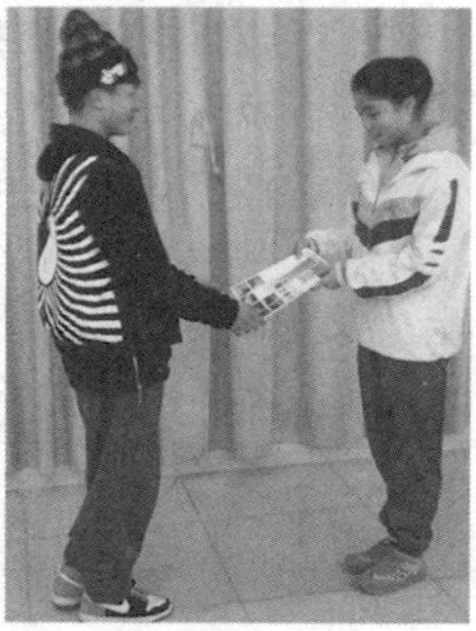</td></tr>
</table>

四、微笑服务礼仪

1. 微笑的含义

微笑是人与人沟通交流时通用的体态语言。它能创造出和谐的气氛，消除隔阂，化解矛盾，建立起友谊的桥梁。自信的微笑表示微笑者充满自信和力量；礼貌的微笑表示微笑者将微笑当作礼物，赠予他人；真诚的微笑表示微笑者对别人的尊重、理解与同情。

2．微笑时的面部表情

微笑时的眼神十分重要。眼睛有传神送情的功能，是心灵的窗户，口到、眼到、神色到，笑眼传情，微笑扣人心弦。笑是神、情、气的结合。“神”是由情入神，笑出精神、神色、神态，做到情绪饱满，神采奕奕；“情”是笑出感情，笑得亲切、甜美；“气”是体现出谦虚稳重、大方得体的良好气质。

3．服务时笑的禁忌

不假笑，会显得虚假；不冷笑，容易产生敌意；不怪笑，会含有恐吓、嘲讽之意；不窃笑，会有洋洋得意、幸灾乐祸之感；不狞笑，会含有愤怒、吓唬之意；不媚笑，会带有功利性；害羞、怯场时不怯笑；保持理智的头脑，不大笑，不失态。

4．微笑训练

（1）露上齿，不发声，肌肉放松，嘴角向两侧上方略微提起，亲切自然。

（2）每天对着镜子说“钱”或“茄子”20 次以上，反复训练，养成习惯。

（3）下图所示为咬筷子训练法。借助头顶的碟子摆正头部，嘴咬筷子提起嘴角，双眼平视。

技能实训　服务礼仪

【实训方法】

（1）教师先讲解、示范，然后由学生操作，教师再进行指导。

（2）借助餐碟、筷子等工具，强化训练头正、双眼平视、微笑等服务礼仪，以使学生在量化的实训中养成习惯。

（3）设计合适的教学情境，如迎送、鞠躬、操作等，让学生在情境中扮演角色，从而得到训练。

（4）充分利用场地资源协助训练，如靠墙练站姿，两腋夹餐碟练挺胸，利用地砖线参照物练走“一字线”等。

【实训场地】

校内模拟餐厅、操场或教室。

【实训内容】

（1）仪容、仪表、仪态、举止所形成的综合素质。

（2）肢体语言礼仪和微笑服务礼仪。

【项目考核】

表 2－1－17　仪容、仪表、仪态、举止评分表

考评题目		考评人姓名			
被考评人					
考核内容		分　值	扣　分	扣　分	扣　分
发型符合要求		10			
衣服平整，着装规范		10			
仪态大方，不戴饰物		10			
站立时身体端正，收腹、挺胸、双目平视		10			
女服务员站立时，脚跟并拢，脚尖打开45°呈V字形；男服务员站立时双脚分开与肩齐宽		10			
站立时双肩舒展，双臂自然下垂（在背后交叉或体前交叉也可以）		10			
行走时，身体重心向前倾3°～5°，抬头，肩部放松，上身正直，挺胸收腹，目视前方		10			
手臂伸直、放松，手指自然微曲，双臂自然前后摆动，双臂外开不要超过30°		10			
步速适中，男服务员应为每分钟110步，女服务员以每分钟120步为宜		10			
露上齿，不发声，肌肉放松，嘴角向两侧上方略微提起，亲切自然地微笑		10			
合计得分		100			

【实训效果】

通过训练塑造良好的服务形象，纠正不雅的站姿、坐姿、走姿、手势等。

模块二　端　托

托盘是餐厅服务员在席间为客人端送物品的盛物工具。端托服务即将码放各种物品的托盘端托在手掌上为宾客进餐而服务。餐厅服务员正确、熟练地使用托盘体现出餐厅的服务水平，也是餐厅服务标准化的重要内容之一。

一、托盘的类型

1. 托盘的种类

（1）木质托盘。这种托盘是用木做胎，外表用油漆彩绘而成。

（2）金属托盘。有铜质托盘、铝质托盘、不锈钢托盘及高档的金、银托盘。

（3）塑料托盘。这种托盘均采用防滑工艺处理，具有质轻、防潮性能好等优点，但此类托盘易变色或出现斑痕。

2. 托盘的规格

托盘的形状大体有两种，一种是圆形托盘，另一种是长方形托盘。根据端托物品的不同又分为大、中、小圆托盘和大、中、小方托盘六种不同规格。

3. 端托服务

端托服务大体分两种，一种是徒手端托，另一种是托盘端托。餐厅服务以托盘端托为主，如下图所示：

二、托盘端托服务的方法

托盘端托服务的方法根据所端托物品的不同可分为两种，一种为轻托，另一种为重托。无论是轻托还是重托，都有理盘、装盘、起托、站立、行进、卸盘六大步骤。

1. 端托的分类

（1）轻托。轻托又称胸前托，是指端托体积较小、重量较轻的物品，一般掌握在5千克以内。轻托时要求手掌向上，五指自然伸开，掌心微凹，托着托盘底部的中央位置；后臂垂直，前臂、手腕、手掌形成一条直线（平面），与后臂成90°。轻托服务的技术要求较高，物品越轻，托盘越轻，越易晃动，不易托稳。

（2）重托。重托又叫肩上托，是对较大且重的物品的托送，一般托送约10千克的物品。因此，托盘上的物品应分布均匀。

2. 端托服务的操作程序

托盘上物品的摆放遵循内高外矮、内满外空、内重外轻的原则。

托盘端托服务的操作程序是理盘—装盘—起托—站立—行进—卸盘，如下图所示：

（1）理盘

（2）装盘

（3）起托

（4）站立

(5) 行进

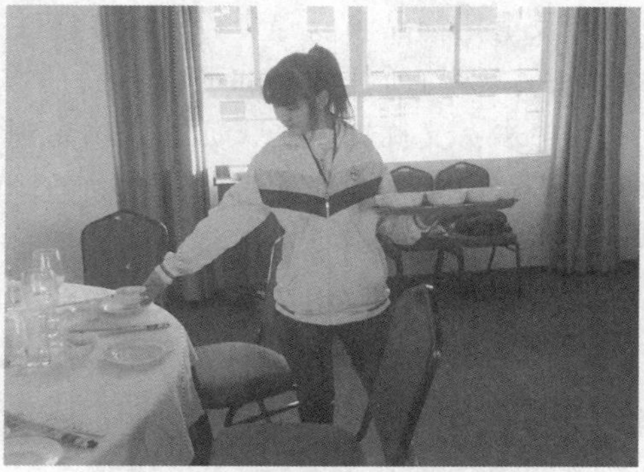
(6) 卸盘

3. 具体端托方法及要求

(1) 理盘：即根据所要托的物品选择合适的托盘。在托盘内铺垫干净的托盘垫布，垫布的大小与托盘相适应，垫布外露部分应均匀，并注意垫布的平整。

(2) 装盘：即根据物品的形状、大小及取出的先后顺序对物品进行合理的码放。轻托物品要求单件平摆，将物品放于托盘的中心部位，摆放均匀。用圆形托盘时，码放的物品应呈圆形，先用的放在上面、前面，后用的放在下面、后面，要归类摆放；用长方形托盘时，码放的物品应横竖成行；如果同时端托的物品重量和高度不等时，应将较高和较重的物品放于托盘的中心部位。重托物品要求分类码放，物品的重量分布均匀，注意高矮、大小摆放协调，物体较高或较重者，应摆于托盘的中心位置，且物与物之间必须留有适当的间隔。

(3) 起托：轻托起托要用左手托托盘，左臂自然弯曲，掌心向上，五指分开，手掌自然形成凹形，掌心不与盘底接触。在起托时，右手先将托盘从桌边拉出，左手托在托盘的中间位置，然后平托于胸前。重托起托要用双手将托盘的宽面移至桌边，右手扶住托盘的边，左手掌心向上，伸开五指，腰部弯曲，用全掌托住托盘底中心部位，掌握好托盘的重心，然后用右手协助将托盘托起，再轻轻转动左手腕，将托盘托于肩上。

(4) 站立：站立时，身体要端正，收腹、挺胸，双眼平视，下颚微收，面带微笑；右手的姿势可以是下垂式或后背式，左手按要求将托盘平托于胸前或肩上。

(5) 行进：在端托行进中，女服务员行走路线为一条直线，男服务员行走路线为"十一字线"，上身挺直，动作轻快自然，注意力集中，稳中求快。

根据服务的需要选择适当的步姿，常见的有以下五种步姿：

常步：指在端托一般物品时，按常规步伐行进。

疾步：指端送热食菜肴或急需物品时，使用较快的步伐，但要在稳中求快，保证菜不变形、汤汁不洒、安全平稳。

碎步：指在端托服务中以小步幅的中速行走。这种步伐适用于端送汤汁多的菜肴及重托物品。以碎步行走时，应注意保持上身平稳及减少手臂的过大幅度的摆动，以保持所托物品的平稳。

垫步：又称辅助步，如端送物品到餐台前并将所托物品放于餐台上时，应采用垫步。这种步伐能使身体呈略向前倾的姿势，以便平稳地将物品放下。

巧步：指不同于常规行走的灵活多变的步伐。在端托行走时，如突然遇到意外或障碍时，就要用巧步，以避免意外事故发生。

（6）卸盘：服务员从盘中把物品取下时，应从左右两侧交替拿取。双手手指应随盘中重量的变化轻缓移动，以掌握好托盘的重心，保持托盘平衡。

三、端托服务的注意事项

（1）在端托行进时要注意卫生，使所托物品避开自己的口鼻部位，也不可将所托物品置于胸下。在端托过程中需要讲话时，应将托盘托至身体的左外侧，避开自己的正前位。重托时，不可将所托物品贴靠于自己的头颈部位。右手拿取物品时，要注意卫生，拿物品的适当部位。

（2）在端托行进时要注意安全和动作规范。除了起托和落台时可用右手扶托盘外，其他时候禁止用右手扶着托盘。端托时，目光平视前方，切勿只盯着托盘，要确保所托物品的平衡。

（3）用托盘斟酒时，应随时调整托盘重心，勿使托盘翻掉而将酒水洒在客人身上。

（4）托送物品至客人身旁后，应将托盘挪开至客人身后，留意自己的手肘，不要碰到客人的头部。

（5）在操作过程中，不能将托盘放在客人的餐台上。

技能实训　端托服务

【实训方法】

教师先讲解、示范，然后由学生操作，教师再进行指导。

初学者借助砖头、装水的气球等物品进行端托训练，强化训练端托服务时身体重心稍向前倾、头正、双眼平视、微笑等服务礼仪，以使学生在量化实训中熟能生巧。

教师应设计适合的教学情境，如为客端托饮品时，突然遇到意外或障碍，让学生在情境中扮演角色，从而得到训练。

【实训场地】

校内模拟餐厅、操场或教室。

【实训内容】

（1）训练轻托和重托的操作技能技巧。

（2）训练在餐厅服务中各种端托服务的特殊技能技巧。

【项目考核】

表2-2-1　端托服务评分表

考评题目			考评人姓名		
被考评人					
序　号	考核内容	分　值	扣　分	扣　分	扣　分
1	手掌向上，五指自然伸开，掌心微凹，托着托盘底部的中央位置	10			
2	后臂竖直，前臂、手腕、手掌形成一条直线，与后臂成90°	10			
3	托盘的高度可自行调节，使其处于自己最舒服、最省力的位置上	10			
4	托盘的边缘某一点可触放在手腕上以达到更省力的效果	10			
5	托盘内的物品摆放应遵循内高外矮、内满外空、内重外轻的原则	10			
6	行走时，身体重心向前倾3°~5°，抬头，肩部放松，上身正直，挺胸收腹，目视前方，保持托盘平衡	10			
7	端托5千克重的物品，每少1千克物品扣2分	10			
8	服务饮品和拿杯时，握杯脚和杯座；杯摆在正对客人的位置上；保持托盘平衡，没有倒瓶、倒杯现象，行走自如	10			
9	左手托服务饮品的托盘，托盘保持平衡，右手倒饮品到杯中至八分满	10			
10	服务时轻松自如，保持微笑，亲切自然	10			
合计得分		100			

【实训效果】

通过训练达到熟练使用托盘服务的目标；寓教于乐，培养学生吃苦耐劳的精神。

模块三 餐巾折花

一、餐巾折花的作用与餐巾的种类

（一）餐巾折花的作用

餐巾是就餐时的保洁用品，宾客可把餐巾放在胸前或膝盖上，一方面可以用来擦嘴，另一方面可防止汤汁油污弄脏衣裤。

餐巾折花可起到装饰美化桌面的作用。服务员用一张小小的餐巾可创造出栩栩如生的花、鸟、兽等造型，像艺术品般摆在餐桌上，既可起到美化餐台的作用，又能增添宴会气氛。

餐巾折花是一种无声的形象语言，能够表达宴会主题，其寓意还能起到传情达意的效果，沟通宾主之间的感情。

餐巾折花还可以标志宾主的席位，便于入座，也体现出宴会的规格和档次。不同造型的餐巾折花，能以无声的形象语言烘托宴会气氛。如婚宴中新郎席位用“一片叶”造型，新娘席位用“玫瑰花”造型，以红花衬绿叶来烘托宴会气氛。

（二）餐巾的种类

按餐巾的质地分，通常有化纤、全棉和亚麻三种。化纤质地的餐巾不易起皱，但吸水性较差；全棉质地的餐巾吸水性好，但造价比亚麻质地的高，且在使用过程中容易起皱。

按餐巾的规格分，有从 40 厘米到 60 厘米的不同规格。

按餐巾的色彩分，有主题的宴会配上适当色彩的餐巾，能起到锦上添花的效果。通常白色餐巾给人以素洁之感，适用于正式宴会；红色、鹅黄、粉红等暖色系给人以热闹之感，还可刺激人的食欲，适用于喜庆宴会；咖啡色、紫色等给人以高贵之感，适用于高雅宴会。主题餐厅还流行使用有图案的餐巾。

二、餐巾折花的基本要求及分类

（一）餐巾折花的基本要求

餐巾折花的基本要求是：简单美观，使用方便；挺括生动，形象逼真。

（1）简单美观，使用方便。要求折花过程不能过于复杂，一则不卫生，二则在使用的时候皱纹太多，影响美观。

（2）挺括生动，形象逼真。用餐巾折出的花、鸟、兽等造型要求形似神随，挺括有生气，简洁明了，让人一眼就能辨认出来。

（二）餐巾花折花的分类

1．按摆放位置分

按摆放位置分有杯花、盘花和环花三种。

杯花：杯花需插入杯子中才能完成造型。杯花造型丰富，折叠手法也较盘花复杂。

盘花：盘花放于盘中或其他盛器上。盘花造型简洁大方，美观实用，所以现在高级酒店采用盘花的居多。

环花：环花需插入环扣中才能完成。环花是最新的折花方法，已渐渐在餐厅中流行起来。

2．按餐巾花形分

按餐巾花形分有植物类、动物类、实物类三种。

植物类：如荷花、月季花、慈姑叶、芭蕉叶等。

动物类：包括鸟、鱼、兽等。但要做到形象逼真，需反复练习。

实物类：此类是模仿日常生活中的各种实物形态折叠而成的，这些造型在中西饮食文化中具有一定寓意，如立体扇面、皇冠等。

三、餐巾花形的选择与运用

（1）根据宴会的主题确定折花的类别和总体造型特点。比如，婚宴宜选择并蒂莲、鸳鸯、喜鹊等餐巾花形，而不宜选择扇子，因为“扇”的谐音为“散”；寿宴宜选择仙鹤、寿桃等餐巾花形，喻寿星延年益寿，而不宜选用吊钟花、菊花等。

（2）根据宴会的规模来选择花形。一般大型宴会选用简单美观的花形，小型但规格高的宴会选用较为复杂且形象逼真的花形。

（3）根据宾客的身份、宗教信仰、风俗习惯和爱好选择花形。如在西餐厅里接待信仰基督教的客人，多选择天堂鸟、主教帽等造型。

（4）根据宾主座位的安排选择花形。宴会主人座位上的餐巾花称为主位花，因为宴会需要突出主位的尊贵，所以主位应选择美观、醒目的花形。

四、餐巾折花应注意的事项

（1）餐巾花形要恰当表达含义，并与台面的摆设搭配得当，既要便于识别、观赏，又要便于值台操作和宾客使用。

（2）插入杯中、环扣中或摆放在餐盘中时要保持花形的完整，线条清楚，摆正摆稳，挺立不倒。

（3）选择餐巾折花的造型时应注意宾客的忌讳，要选择宾客喜爱的花形。

（4）摆放餐巾折花时，要将形状相似的花形错开并对称摆放，并将其观赏面朝向宾客席位。适合正面观赏的要将正面朝向宾客，适合侧面观赏的要选择一个最佳观赏角度摆放。

（5）操作时要注意清洁卫生，选择平整干净的操作台，餐巾和辅助工具要消毒，双手也要用酒精棉球消毒，折叠餐巾时不能用嘴咬，也不能多讲话。

（6）插摆好餐巾折花后，要仔细检查一遍，发现问题及时纠正。

五、餐巾折花实例

（一）盘花类（以实物为例）

表 2－3－1 “帆船”折法

操作步骤	“帆船”图解	
①将底边向上对折，与顶边对齐。 ②从左向右对折。	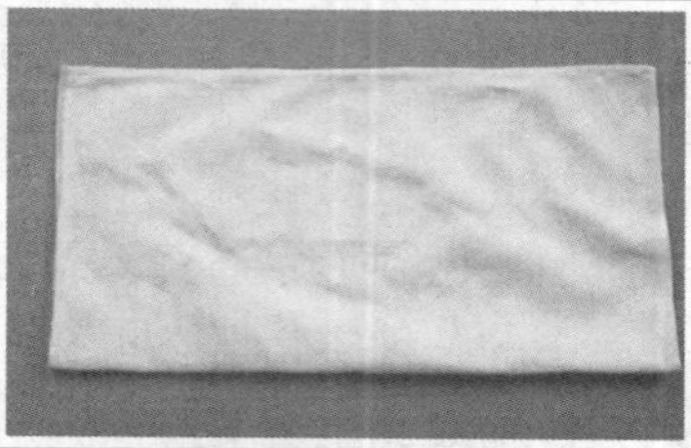	
③将右顶角处四巾角一起向下对折。 ④将三角形两腰一起折向三角形的高。		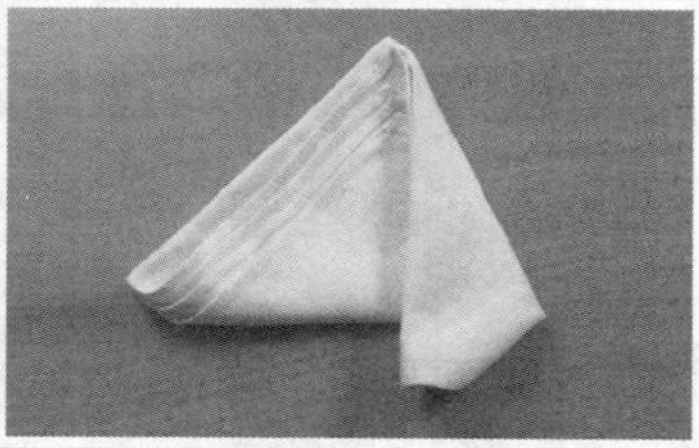
⑤将底部向背后折上。 ⑥将两边向背面对折并拢。	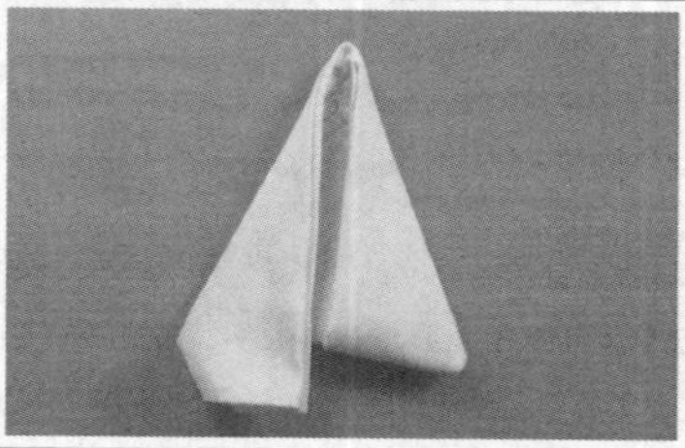	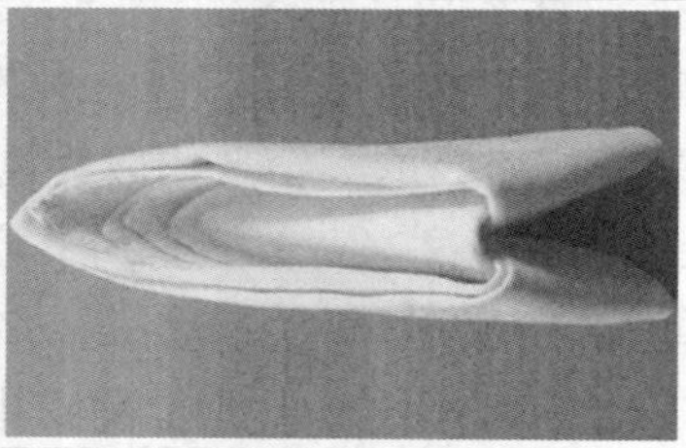
⑦拉起夹层中的四层巾角。 ⑧放于盘中，整理成形。	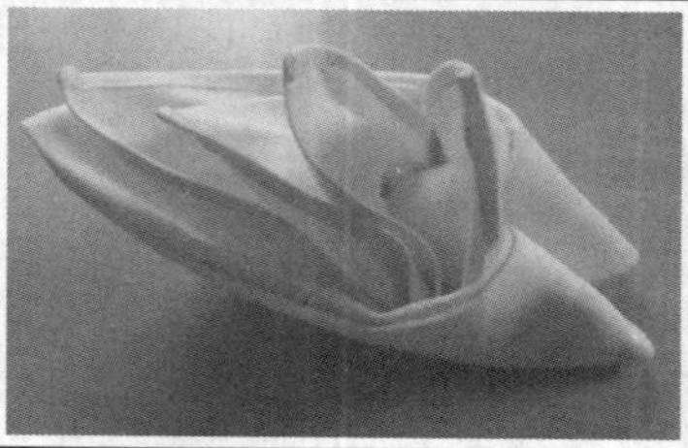	

表 2－3－2　“主教帽”折法

操作步骤	“主教帽”图解	
①将餐巾沿对角线折叠成等腰三角形。 ②将三角形两底角分别向顶角折上。		
③如图所示，呈一个菱形。 ④将下面的角向上翻折至离顶角有一小段距离处。		
⑤将刚折上来的角往下翻折至底边中心。 ⑥将两个角向内折到一起。		
⑦右手四指插入底部将之撑成圆筒形。 ⑧置于盘中，将两边露出的小角往下翻，整理成形。		

表 2－3－3　“扇形”折法

操作步骤	“扇形”图解	
①将方巾一端 1/4 向中间折。 ②将方巾另一端 1/4 也向中间折。		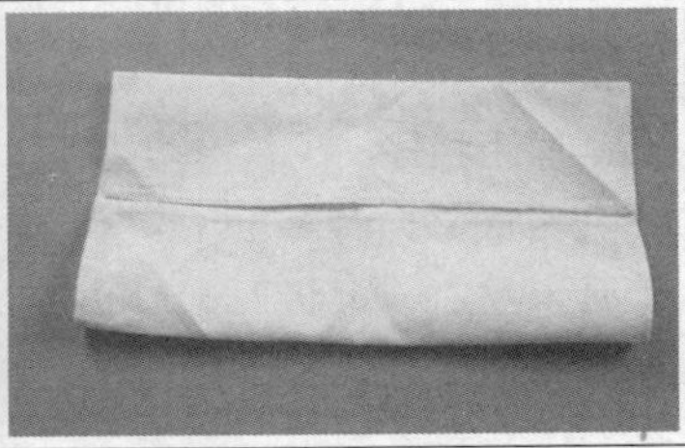

（续上表）

操作步骤	“扇形”图解	
③将餐巾对折成细长条形。 ④均匀地推折成五裥。		
⑤将有两层夹层的一端进行锯齿形压拉，压拉每一夹层相邻位置。 ⑥压拉另一夹层相邻位置。		
⑦拉好后成扇形。 ⑧放于盘中，整理成形。		

表2－3－4　“节节高”折法

操作步骤	“节节高”图解	
①将餐巾折成小正方形。 ②将餐巾第一层上折，与顶角间距1厘米左右。		
③后面三层依次上折，间距相等。 ④先将底部向背后折2厘米左右，再将两边巾角向后折。		

（续上表）

操作步骤	“节节高”图解	
⑤将一巾角插入另一巾角的夹层。 ⑥放于盘中，整理成形。		

表 2－3－5 “挪威冰川”折法

操作步骤	“挪威冰川”图解	
①将餐巾折成一个小正方形。 ②将第一层巾角沿小正方形的对角线对折成三角形。		
③将第一层三角形巾角均匀地折叠。 ④把整个小正方形餐巾沿另一条对角线向背后折叠。		
⑤将三角形两底角卷合在一起。 ⑥三角形其中一底角插入另一底角中，右手四指伸入筒中使其成圆形。		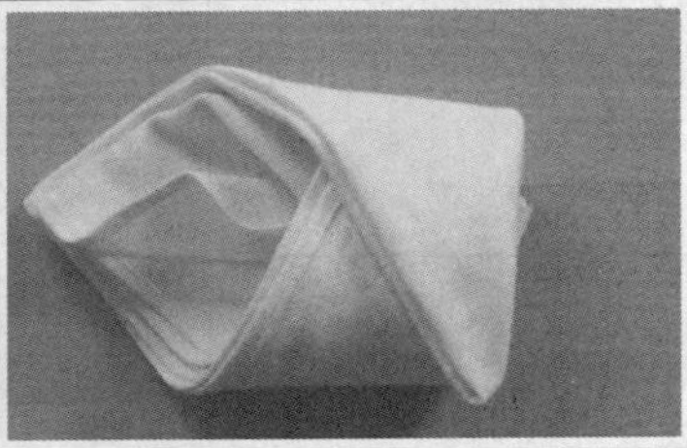
⑦使圆筒底部坐起，拉松第一层巾角。 ⑧放于盘中，整理成形。	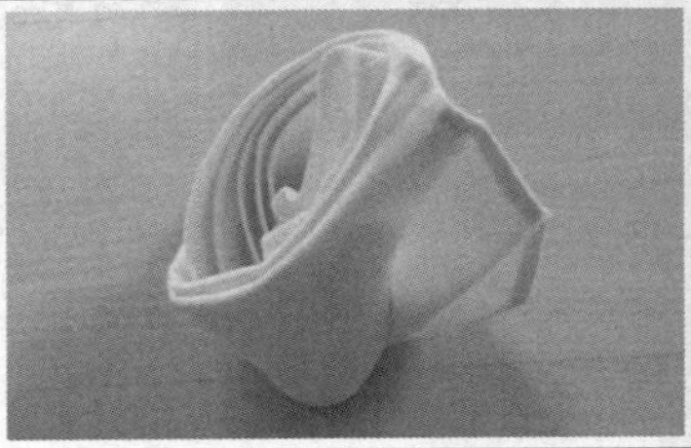	

表2-3-6 “元宝”折法

操作步骤	“元宝”图解	
①将餐巾的1/3从左边向右边折叠。 ②剩余的1/3向相反方向折叠。		
③将长方形的1/4向中间折。 ④另一端的1/4也向中间折。		
⑤将左上角向下折入。 ⑥将左下角向上折入。		
⑦将餐巾翻至背面，并顺时针旋转90°。 ⑧左上角向中间折入。		
⑨右上角也向中间折入，并插入左上角的夹层中。 ⑩放于盘中，整理成形。	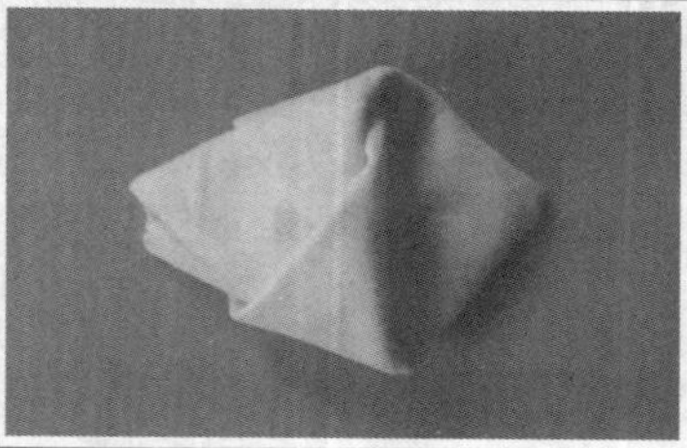	

表 2-3-7　“船形僧帽”折法

操作步骤	“船形僧帽”图解	
①将餐巾对折成长方形。 ②将左上角和右下角巾角向中间折叠。		
③将两边从中缝处向背后折。 ④将右巾角插入中间夹层中。		
⑤将左边巾角折向背面，插入中间夹层中。 ⑥将底部撑开成圆形，放于盘中，整理成形。		

表 2-3-8　“公主桂冠”折法

操作步骤	“公主桂冠”图解	
①将餐巾上下对折成长方形。 ②把正面单层巾边向上折成条形。		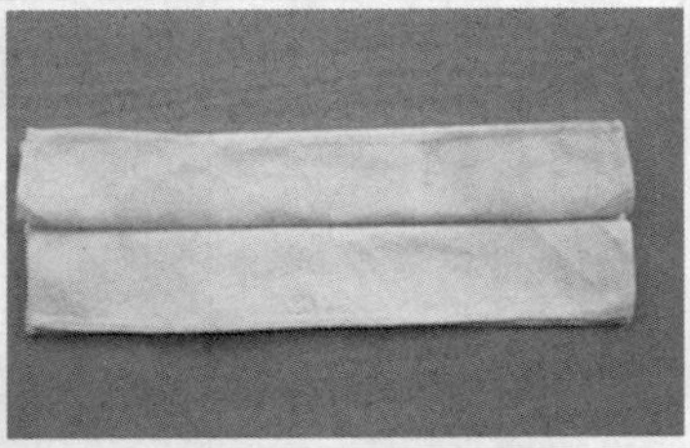
③将另一单层向背面折成条形。 ④将条形左右边向内两次折进 1/4。		

（续上表）

操作步骤	“公主桂冠”图解	
⑤将上边的单夹层也折成小三角形。 ⑥其余单夹层也向内斜折成小三角形。		
⑦将两端的单夹层向内斜折成小三角形，折完为止。 ⑧放于盘中，整理成形。		

表 2－3－9　“生日蜡烛”折法

操作步骤	“生日蜡烛”图解	
①将餐巾对折成三角形。 ②将三角形底边向上折 1/5。		
③将三角形向背面卷成圆筒。 ④卷至最后，巾角插入夹层中固定好。		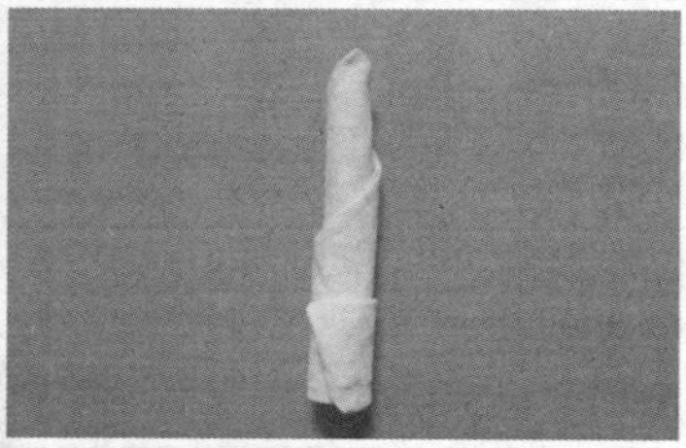
⑤将圆筒顶部向内嵌入 1/10 左右，再把两巾角拉出 2 厘米当作火焰。 ⑥放于盘中，整理成形。		

表 2－3－10　“宝塔”折法

操作步骤	“宝塔”图解	
①将餐巾沿对角线折叠成等腰三角形。 ②将三角形的两底角向顶角折叠。		
③折成正方形。 ④将下面的角向上翻折至离顶角有一小段距离处。		
⑤将刚折上来的角往下翻折至底边中心。 ⑥将对上去的两边巾角向内折入一部分形成层次感。		
⑦再把上层向内折入一部分。 ⑧将整个造型向背面卷起。		
⑨两个底角重合在一起，右手四指插入底部将之撑成圆筒。 ⑩放于盘中，整理成形。		

（二）杯花类（以植物为例）

表 2－3－11 “冰玉水仙”折法

操作步骤	“冰玉水仙”图解	
①将餐巾叠成一个小正方形。 ②将小正方形上面的三层巾角沿对角线向顶角对折。		
③再将剩余一层巾角向背面折。 ④沿三角形底边平行打褶。		
⑤插入杯中。 ⑥将最外面的两层巾角分别向水平方向翻拉，使其在一条直线上。		
⑦将另外两层巾角分别以 30°、60°角翻拉成形。 ⑧整理成形。图中所示为正面。		

表 2－3－12 “双蕊花”折法

操作步骤	“双蕊花”图解	
①将餐巾对折成长方形。 ②将顶边两角向中间折，在中间对拢。		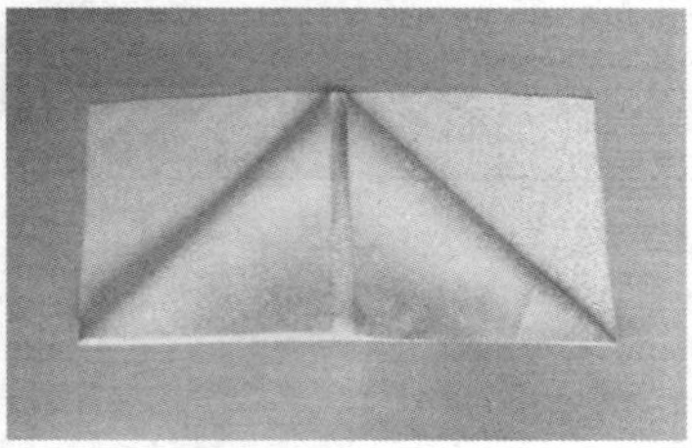

（续上表）

操作步骤	“双蕊花”图解	
③将长方形对折成小正方形。 ④沿三角形的底边平行打褶。		
⑤分别将两层松散的巾角向上翻拉成两片花瓣。 ⑥插入杯中。		
⑦翻开夹层露出另外两层巾角，将这两层巾角拉好，做成花蕊。 ⑧整理成形，使其正面面向客人即可。		

表 2－3－13　“杜鹃争艳”折法

操作步骤	“杜鹃争艳”图解	
①将餐巾折成小正方形。 ②正反两面单层巾角向中间翻折。		
③沿三角形的底边平行打褶，拉好。 ④分别将两层巾角向上翻拉，做成两片花瓣。		

（续上表）

操作步骤	"杜鹃争艳"图解	
⑤插入杯中，拉开另外两层巾角也做成两片花瓣，夹层翻成花心。 ⑥整理成形，使其形如盛开的杜鹃花。		

表 2-3-14　**"一片叶"折法**

操作步骤	"一片叶"图解	
①准备一条边长为 50 厘米的正方形餐巾。 ②将餐巾折成三角形，底巾角与顶巾角相隔一定距离。		
③将三角形底边向上折 1/5。 ④沿三角形底边垂直折成裥。		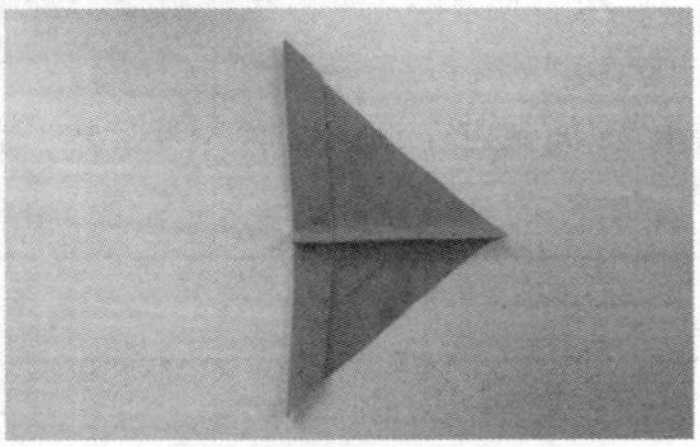
⑤两巾角向背面拉，包起。 ⑥插入杯中，拉挺，整理成形。	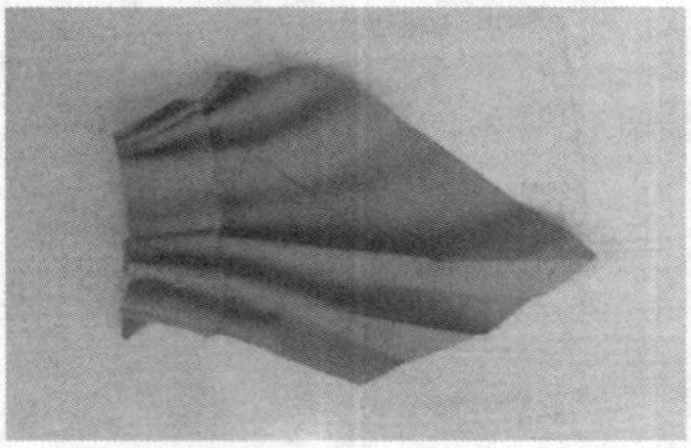	

表 2-3-15　**"三叶壁花"折法**

操作步骤	"三叶壁花"图解	
①将餐巾对折成三角形。 ②将三角形一底角斜向上折叠。		

（续上表）

操作步骤	“三叶壁花”图解	
③将三角形另一底角向交叉方向叠折。 ④将折后形成的新底角再向上折 1/3 左右。		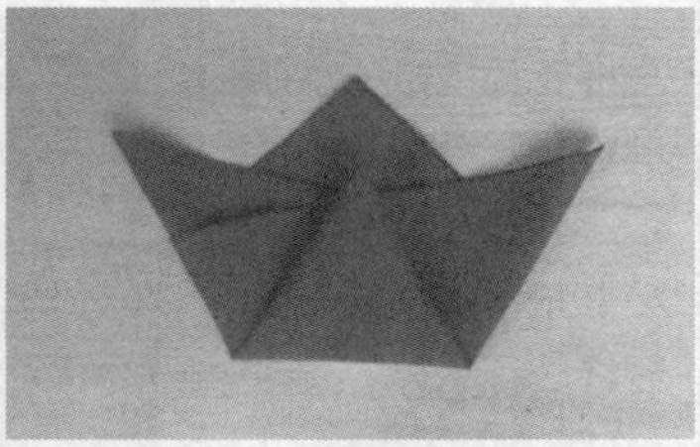
⑤在底边处从中间向两边均匀打褶。 ⑥放入杯中，拉齐三叶。		
⑦将夹层翻拉成花朵。 ⑧整理成形。图中所示为正面。		

表 2-3-16　“马蹄莲开”折法

操作步骤	“马蹄莲开”图解	
①将餐巾对折成三角形。 ②把三角形的两底角向上斜翻 15°。		
③从三角形底边中心向顶角方向卷至余 1/3。 ④顶角处两单层分开两边做叶子。	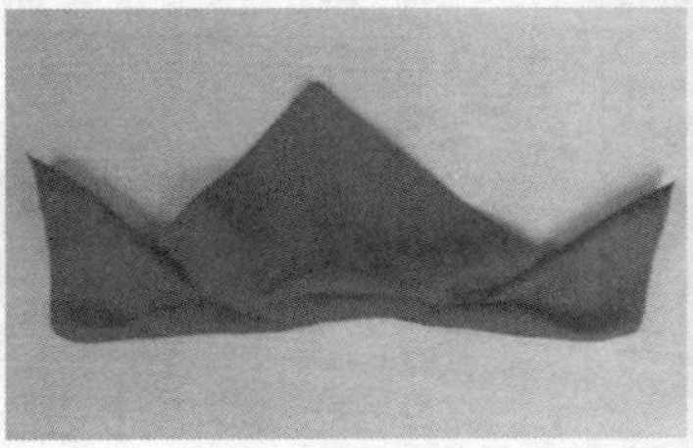	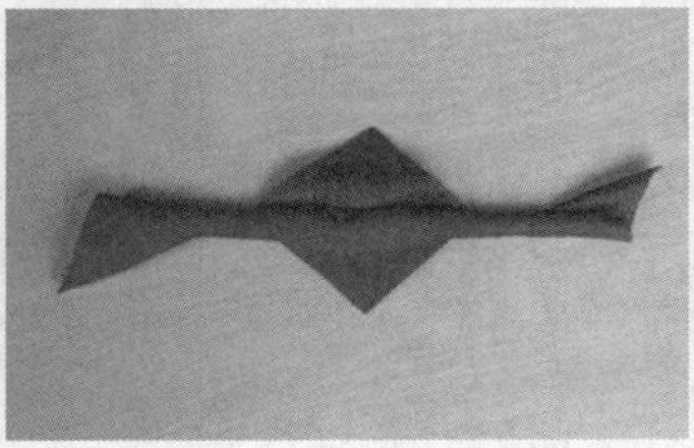

（续上表）

操作步骤	“马蹄莲开”图解	
⑤将卷筒对折，两层巾角分开对折。 ⑥插入杯中，整理两层巾角，做成叶子的形状。	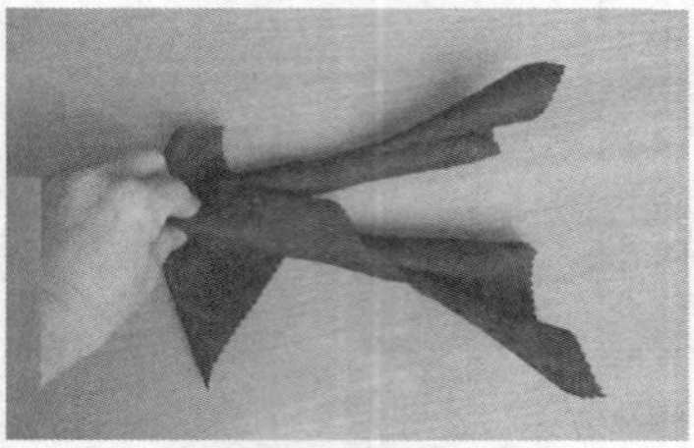	
⑦分别翻开两朵马蹄莲。 ⑧整理成形，观赏面朝向宾客。		

表 2-3-17 “四叶玫瑰”折法

操作步骤	“四叶玫瑰”图解	
①将餐巾折成小正方形。 ②沿对角线推折餐巾六裥左右。		
③将夹层外翻做玫瑰花。 ④将四巾角的第一巾角拉上来做一叶。		
⑤拉上第二叶。 ⑥拉上第三叶。		

（续上表）

操作步骤	“四叶玫瑰”图解	
⑦拉上最后一叶。 ⑧插入杯中，整理成形。		

表 2－3－18　**“鸡冠花”折法**

操作步骤	“鸡冠花”图解	
①将餐巾 1/4 向中间折。 ②同样，将另一端 1/4 也向中间折。		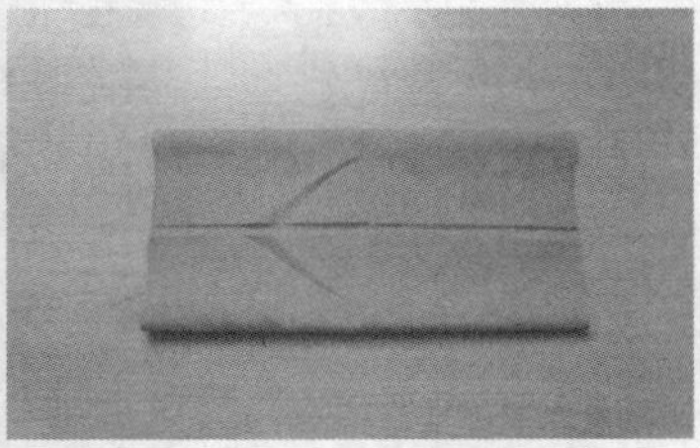
③将餐巾对折。 ④将长条推折八裥左右。		
⑤分别从两夹层中均匀地穿入两根筷子。 ⑥插入杯中，整理成形。		

表 2－3－19　**“月季花”折法**

操作步骤	“月季花”图解	
①将餐巾对折成三角形。 ②从底边向上推至余 1/4 处。		

（续上表）

操作步骤	“月季花”图解	
③将其向背面对折并拢。 ④将两顶角处的巾角拉成其中两叶，并将所打的褶一层层向外翻。		
⑤将巾角上拉做第三叶。 ⑥将巾角上拉做第四叶。	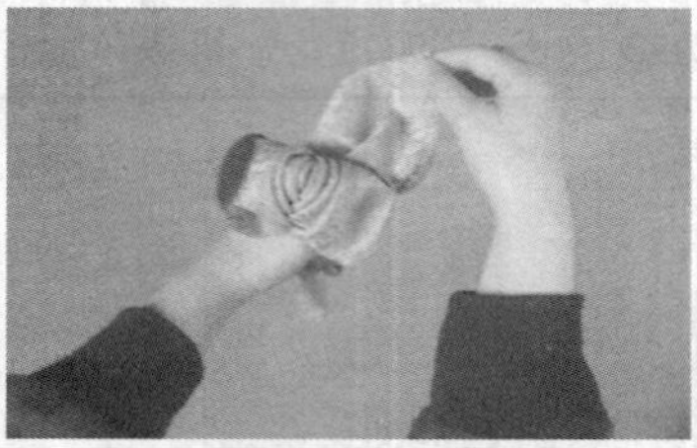	
⑦插入杯中。 ⑧整理成形，使其观赏面朝向宾客。		

表 2-3-20　“大丽花”折法

操作步骤	“大丽花”图解	
①将餐巾分出四块菱形。 ②将右边巾角向中间折入3/4，再翻折1/2朝外。		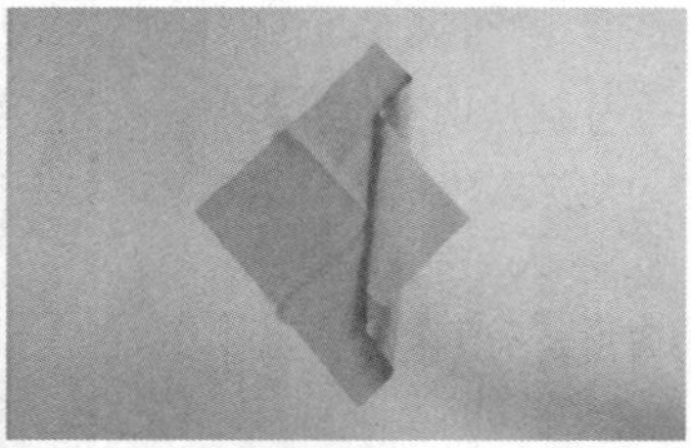
③将左边巾角同右边巾角一样折好。 ④从下至上在中间打八个褶。	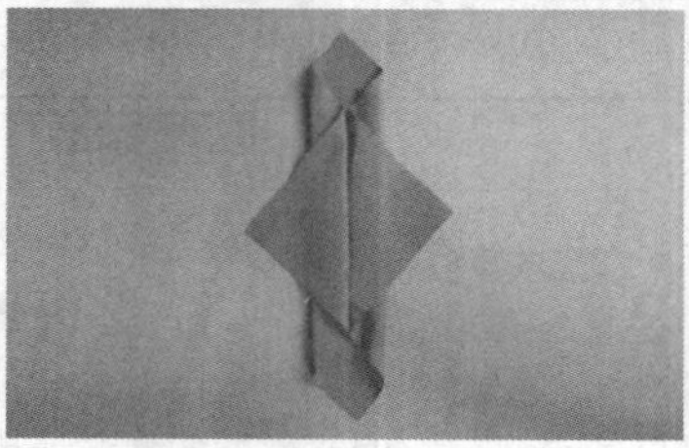	

（续上表）

操作步骤	“大丽花”图解	
⑤两边朝反面对折并拢。 ⑥紧抓于手中。	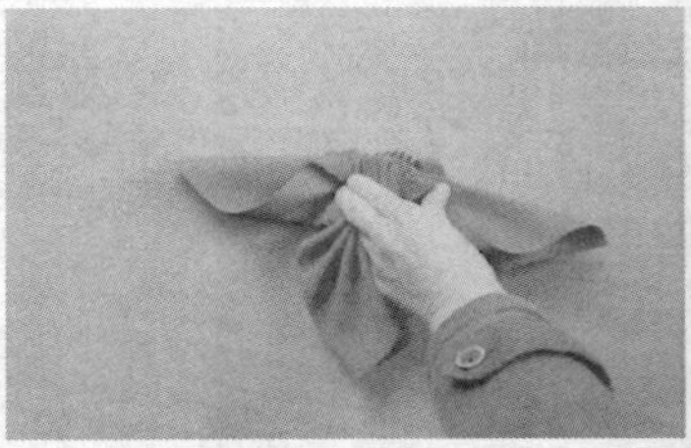	
⑦将松散的巾角拉起，做成叶子。 ⑧拉起第二块巾角做第二片叶。	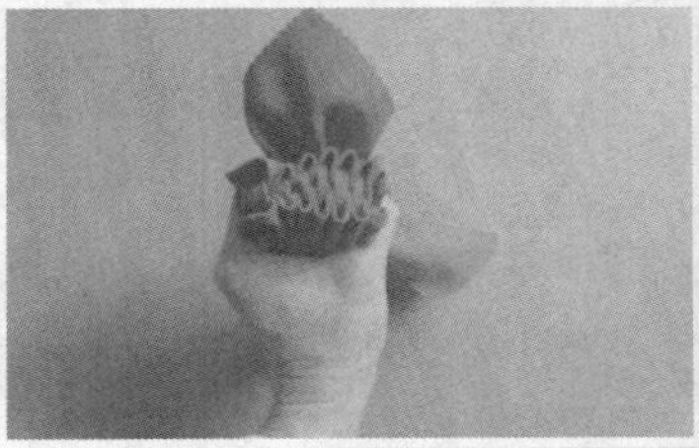	
⑨四叶做好后，插入杯中。 ⑩整理成形，观赏面朝向宾客。		

（三）环花类（以动物为例）

表 2－3－21　“天鹅戏水”折法

操作步骤	“天鹅戏水”图解	
①将餐巾的底边向上对折，与顶边对齐。 ②从左向右对折，成小正方形。		
③将右顶角处四巾角一起向下对折。 ④将底边两巾角按图所示折叠。		

（续上表）

操作步骤	“天鹅戏水”图解	
⑤将底部向背后折上。 ⑥将两边向下对拢。		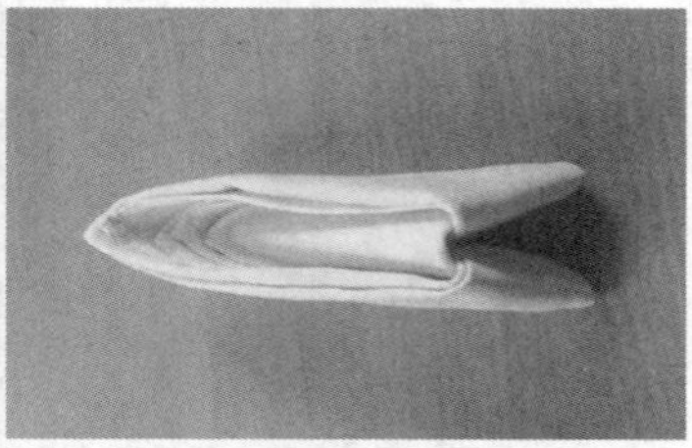
⑦插入环扣中，拉起夹层中四层巾角的第一层捏成天鹅头，其他巾角做羽毛。 ⑧放于盘中，整理成形。	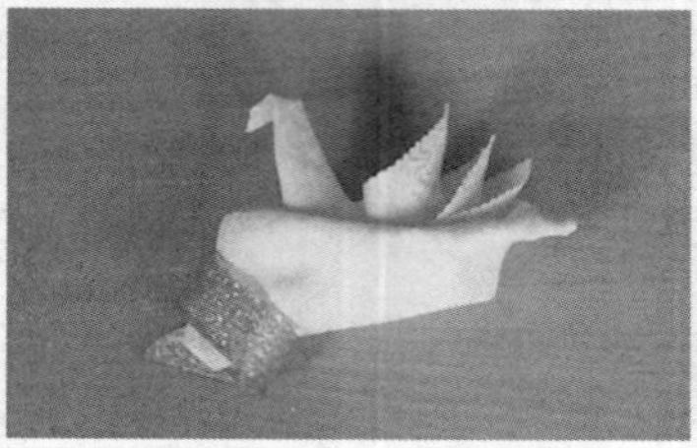	

表 2－3－22　“白头偕老”折法

操作步骤	“白头偕老”图解	
①将餐巾置放成菱形。 ②上下对折成三角形。		
③将三角形两个底角沿中线向中间打褶。 ④拉起下端两巾角捏成两个鸟头，置于半圆中间。		
⑤将下半部分的造型整理好，插入环扣中。 ⑥整理成形，放置在餐盘中即可。		

表 2－3－23　“柳莺燕舞”折法

操作步骤	“柳莺燕舞”图解	
①将餐巾置放成菱形。 ②上下对折成三角形。		
③从三角形底边向上卷紧，至余 1/4 巾角处。 ④把两层巾角一前一后分开。		
⑤从中间对折并拢。 ⑥前面一层巾角做鸟头，后面一层巾角做鸟尾。	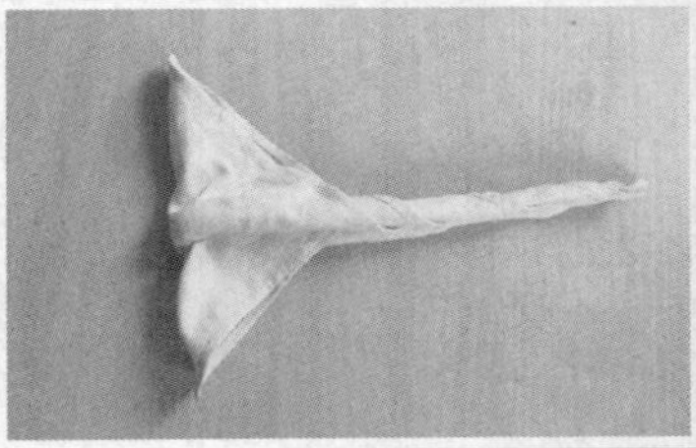	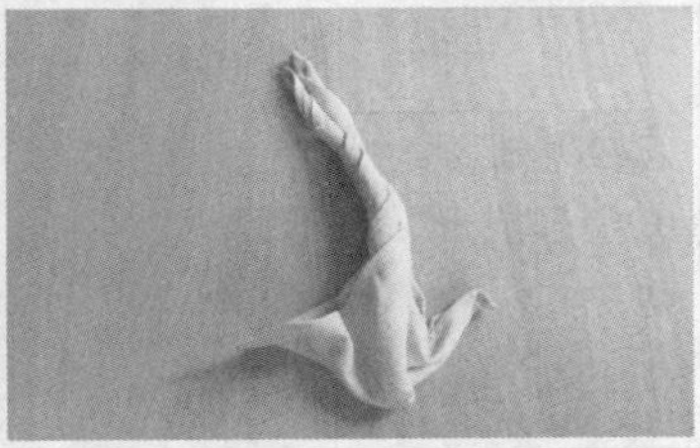
⑦插入环扣中。 ⑧整理成形，放于餐盘中即可。		

表 2－3－24　“比翼齐飞”折法

操作步骤	“比翼齐飞”图解	
①将餐巾置放成菱形。 ②上下对折成三角形。		

（续上表）

操作步骤	“比翼齐飞”图解	
③从三角形底边平行推裥至余 1/4 巾角处。 ④对折并拢。		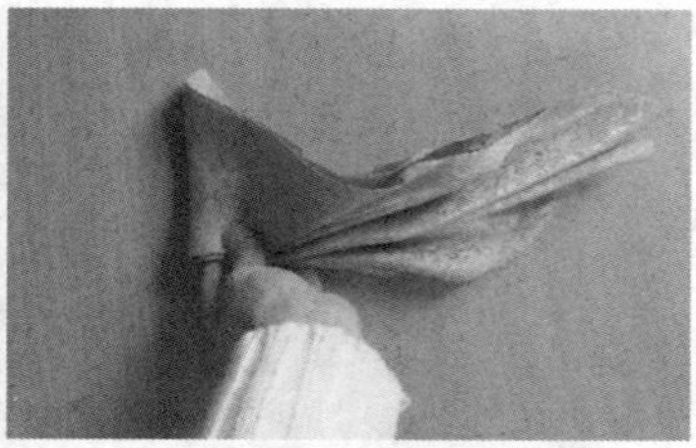
⑤拉起下端两巾角做两个鸟头，将两鸟头相对。 ⑥插入环扣中。		
⑦拉开翅膀。 ⑧整理成形，放于餐盘中。		

表 2－3－25　“鸟语花香”折法

操作步骤	“鸟语花香”图解	
①将餐巾对折成三角形。 ②从底边向上推裥至余 1/4 处。		
③将其对折。 ④将两顶角处的巾角拉做两叶，并将所打的褶一层层外翻。		

（续上表）

操作步骤	“鸟语花香”图解	
⑤将巾角上拉做鸟尾。 ⑥将巾角上拉做鸟头。	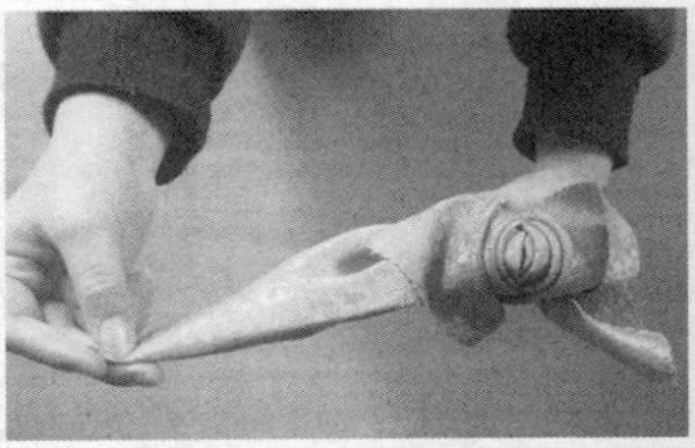	
⑦插入环扣中。 ⑧整理成形，观赏面朝向宾客。		

表 2－3－26　“凤凰归巢”折法

操作步骤	“凤凰归巢”图解	
①将餐巾对折成三角形。 ②把顶端的单层巾角从内拉到左边巾角处，变成梯形。		
③左边双层斜折形成凤尾。 ④拉起余下巾角的中间部分做凤头。		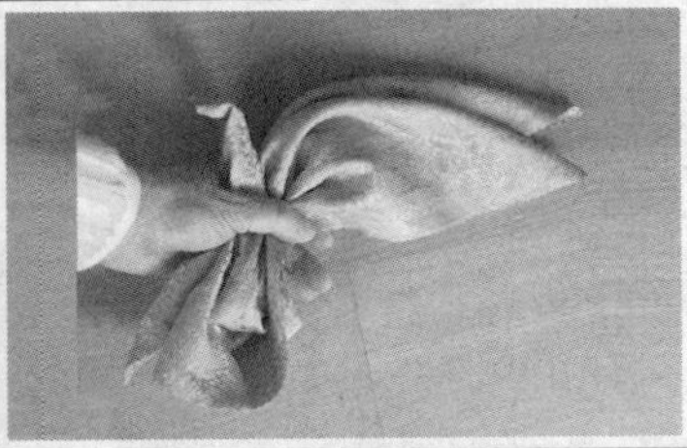
⑤拉起左右单层巾角做翅膀。 ⑥插入环扣中。	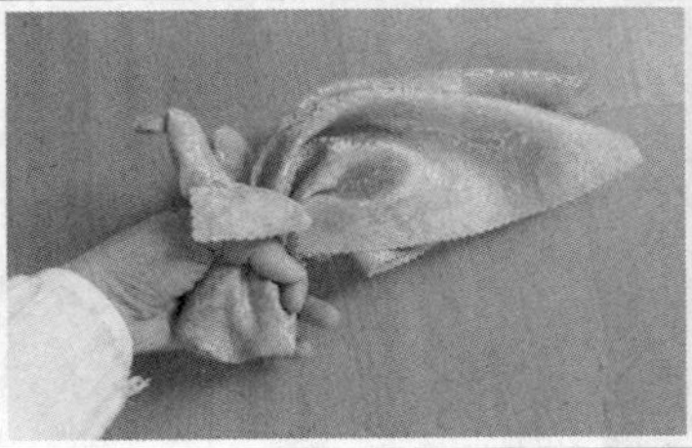	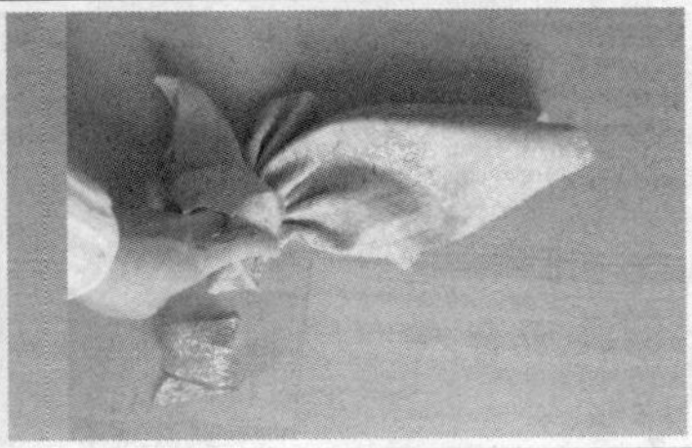

（续上表）

操作步骤	“凤凰归巢”图解	
⑦放于餐盘中。 ⑧整理成形，观赏面朝向宾客。	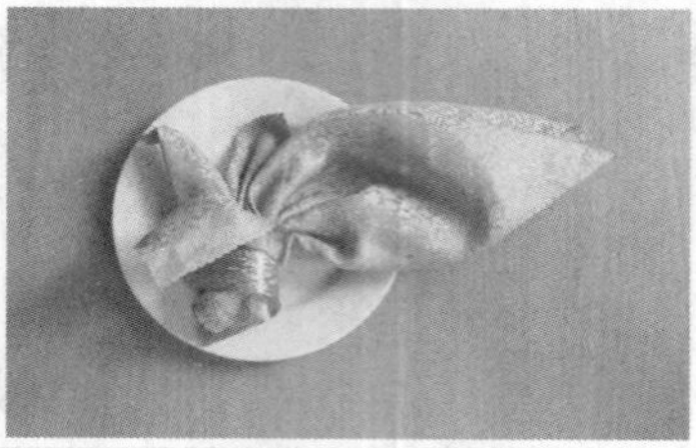	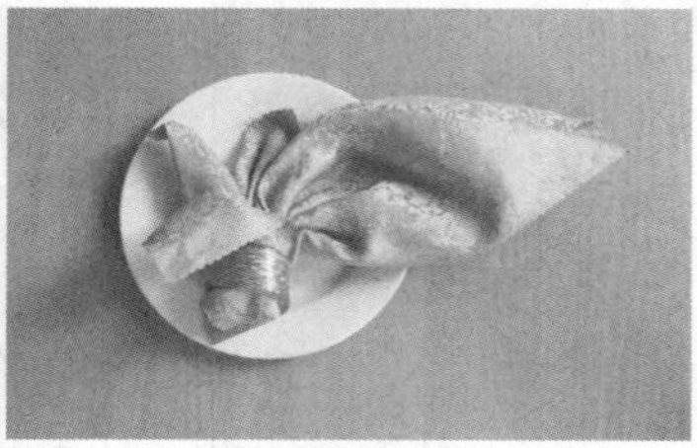

表 2－3－27 “双凤朝阳”折法

操作步骤	“双凤朝阳”图解	
①将餐巾置放成菱形。 ②上下对折成三角形。		
③把三角形顶端的角从内拉到左边巾角处，形成两夹层。 ④将餐巾打褶。		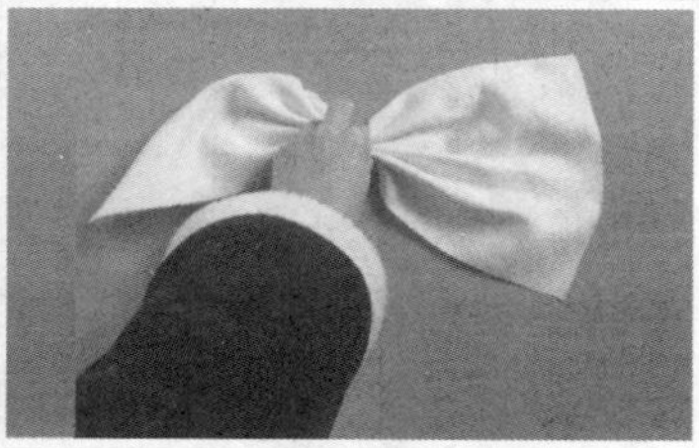
⑤中间折成 W 形，拉起右边的两个单层做两个凤头。 ⑥中间 W 形整理好插入环扣中。		
⑦左边的两层做成凤尾，翻开并向下拖，右边两层捏成两个凤头，排到一起。 ⑧放于盘中，整理成形。		

表 2-3-28 “鹤鸣祝寿”折法

操作步骤	“鹤鸣祝寿”图解	
①将餐巾置放成菱形。 ②将顶角按图所示折叠。		
③将底角也以此方式折叠。 ④翻过反面，旋转45°，从上至下平行打褶，余下1/4巾角。		
⑤两边朝反面对折并拢，拉起尖角捏成鸟头。 ⑥拉起左右两侧的巾角做成翅膀。	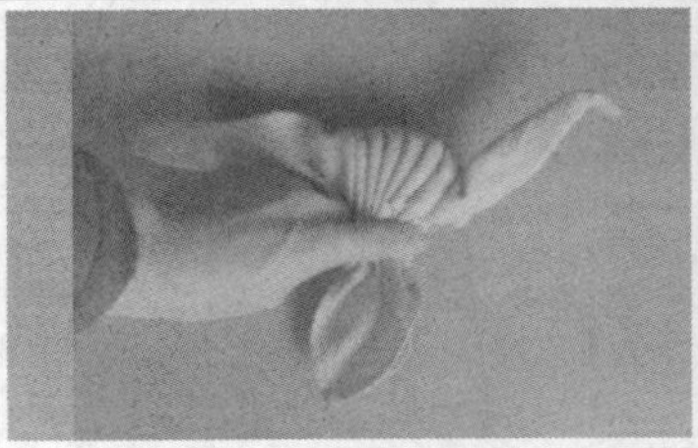	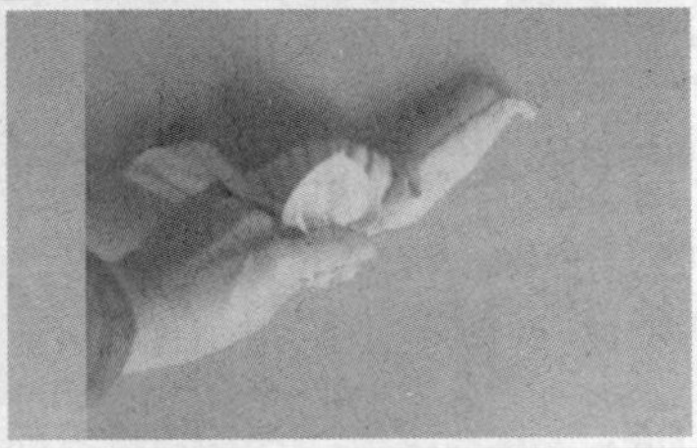
⑦插入环扣中，拉好与鸟头对应的巾角做鸟尾。 ⑧放于盘中，整理成形。	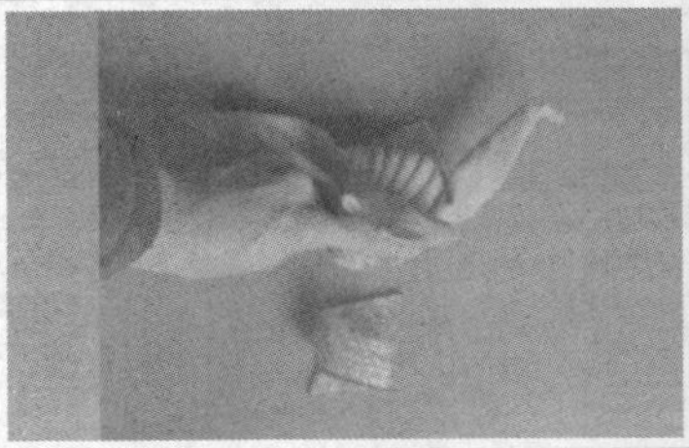	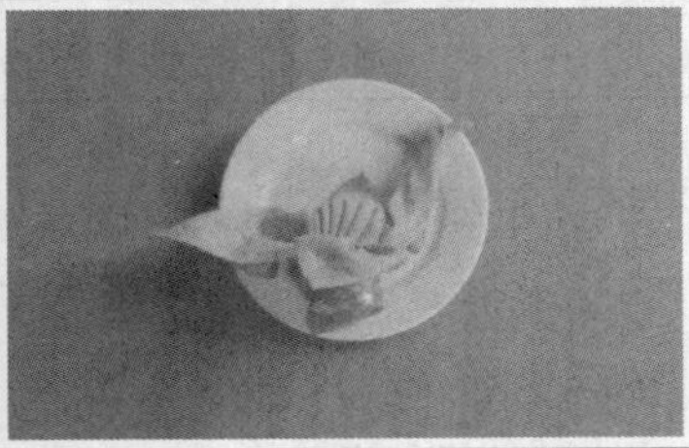

表 2-3-29 “孔雀漫步”折法

操作步骤	“孔雀漫步”图解	
①将餐巾置放成菱形。 ②上下对折成三角形。		

（续上表）

操作步骤	“孔雀漫步”图解	
③把顶端的单层巾角从内拉到左边巾角处，变成梯形。 ④折成如图所示的形状。		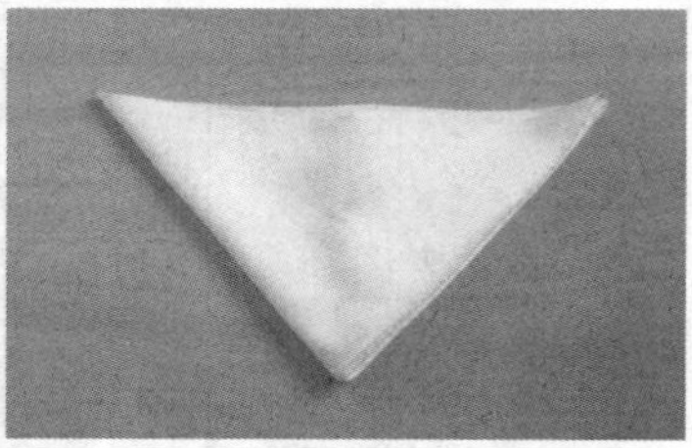
⑤沿三角形底角向顶边打褶，捏紧中间部分。 ⑥将中间部分插入环扣中。		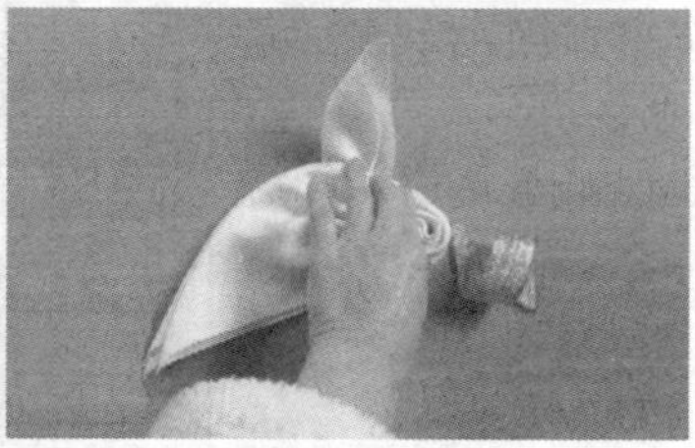
⑦左边的三层做成孔雀尾，翻开拉并向下拖，单层捏成孔雀头，似漫步状。 ⑧放于盘中，整理成形。		

表 2－3－30　**“雪地松鸡”折法**

操作步骤	“雪地松鸡”图解	
①将餐巾置放成正方形。 ②从餐巾的一边开始打褶。		
③并拢捏紧。 ④中间并拢折成 W 形，把折叠整齐的单层做成松鸡尾。		

（续上表）

操作步骤	“雪地松鸡”图解	
⑤将W形插入环扣中。 ⑥没打褶的一端做成鸡头。		
⑦两边巾角做成翅膀。 ⑧放于餐盘中，整理成形。		

技能实训　餐巾折花

【实训方法】

教师先讲解、示范，然后由学生操作，教师再进行指导。同学之间可以分组比质量、比速度，然后相互点评。

【实训器具】

餐桌、各色餐巾、餐盘、水杯、筷子等。

【实训内容】

杯花10种，盘花10种，环花10种。

【程序与操作标准】

表2－3－31　餐巾折花的技法

手　法	含　义	要　领
叠	叠是最基本的餐巾折花手法，就是将餐巾一折为二，二折为四，或折成三角形、长方形、菱形、梯形、锯齿形等形状，有折叠、分叠两种	叠时要找好角度一次叠成，不要反复折叠，否则会在餐巾上留下痕迹，影响挺括程度
卷	卷是用大拇指、食指、中指三个手指相互配合，将餐巾卷成圆筒状，分直卷和螺旋卷两种，直卷餐巾两头要卷平，螺旋卷可折成三角形，餐巾边要参差不齐	直卷要求餐巾两头一定要卷平，卷得紧凑、挺括，否则会因松软无力、弯曲变形而影响造型
翻	将餐巾巾角翻上或翻下，或将夹层外翻，拉成所需的形状	两手配合，松紧适度，大小适宜，距离相等

（续上表）

手　法	含　义	要　领
拉	在翻的基础上，为了使餐巾造型挺括而采取的手法	大小比例适当，距离相等，用力均匀，造型挺括
捏	将餐巾捏压成鸟头或其他动物的头的形状。如用一只手的大拇指、食指、中指捏住鸟颈的顶端，食指向下，将巾角尖端向里压下，用中指与拇指将压下的巾角捏出尖嘴状，成为鸟头	棱角分明，头顶自然，嘴尖角到位
穿	一般用筷子等工具从餐巾夹层折缝中穿过，形成皱褶，如折鸡冠花等造型	穿时应均匀地推折，使形成的折裥饱满且富有弹性
折	将餐巾折成褶裥。打褶时，双手的拇指和食指分别捏住餐巾两头的第一个褶裥，中指压住餐巾，并控制好下一个褶裥的距离；拇指、食指的指面捏紧餐巾向前推折至中指位置，用食指将推折的褶裥挡住，中指腾出空去控制下一个褶裥的距离。有直线折和斜线折两种	三指配合，折出的褶裥均匀整齐，层次丰富，紧凑、美观
掰	将多层的折叠从一个方向一层层掰出，形成美观的造型，一般用于花的造型，如月季花的制作等	掰时不要用力过大，掰出的层次或褶的大小和距离要均匀
攥	使叠出的餐巾花半成品不易脱落走样而采用的方法。一只手攥住餐巾的中部或下部，另一只手用力操作其他部位	攥紧，不能松散

【项目考核】

表 2－3－32　餐巾折花评分表

考评题目		考评人姓名					
被考评人							
考核内容	分　值	扣　分	扣　分	考核内容	分　值	扣　分	扣　分
操作卫生	5			花形 1	5		
花形类别	5			花形 2	5		
花形难度	10			花形 3	5		
花形名称	10			花形 4	5		
基本技法	10			花形 5	5		
总体效果	10			花形 6	5		

（续上表）

考核内容	分 值	扣 分	扣 分	考核内容	分 值	扣 分	扣 分
时间（8 分钟）	加分（每提前 30 秒加 1 分）			花形 7	5		
				花形 8	5		
	减分（每超时 15 秒减 1 分）			花形 9	5		
				花形 10	5		
合计得分							

【实训效果】

训练学生的动手操作能力，追求协调性、准确性和高效性；追求一些高难度的艺术造型，从而提高学生的审美能力；通过训练让学生发现餐饮服务工作这种体力劳动还有艺术美的一面，从而产生爱岗敬业的情操。

模块四 摆 台

餐台是餐厅为客人提供服务的主要设施之一。餐台的布置称为摆台，是将台布、餐具、酒具以及辅助用品按照一定的摆放要求，整齐美观地铺设在餐桌上的过程，包括铺台布、餐台排列、席位安排、餐具摆放等。摆台要求做到清洁卫生、省时省力、整齐有序，并且还要注意餐具配套齐全、放置得当、方便就餐。摆台在日常餐饮工作中大致分为中餐摆台和西餐摆台，中餐摆台又可以分为零点便餐摆台和宴会摆台。

一、铺台布

铺台布是摆台的第一个步骤，是将台布舒展平整地铺在餐桌上的过程。铺台布之前应先在台面上铺一层台垫，同时检查台布是否有破损、污痕等问题。不同的餐台可从台布材质、造型、花色等不同的方面选用台布，并根据场地和服务时间及服务要求的不同，采取不同的台布铺设方法。

（一）圆台

圆台铺台布的常用方法有推拉式、抖铺式、撒网式和两人合作式四种。两人合作式是近年来宴会开始流行多人聚餐于一张大圆台而使用的一种铺台布方式，大圆台直径一般为3.2米，因此，铺台布时需2～3人合作完成。

1. 推拉式

服务员选好台布，站在副主位处，用双手将台布打开，用两手的大拇指和食指分别捏住台布的两边，其余三指抓住台布，将台布贴着餐台平推出去再拉回来。铺好的台布中间的折线对准主位，十字中心点居桌子中心，四面下垂部分对称并且遮住台脚的大部分，台布自然下垂至餐椅边最为适合。这种铺法多用于零餐餐厅或较小的餐厅，或有客人就座于餐台周围等候用餐时，或地方窄小之处，如下图所示：

（1）准备

（2）打开

（3）抓起

（4）铺出

（5）拉平

（6）定位

2. 抖铺式

服务员选好台布，站在副主位处，用双手将台布打开，用两手的大拇指和食指分别捏住台布的两边，其余三指将多余台布提拿于胸前，利用双腕的力量，将台布向前一次性抖开并平铺于餐台上。这种铺台方法适用于较宽敞的餐厅或周围没有客人就座的情况，如下图所示：

（1）准备

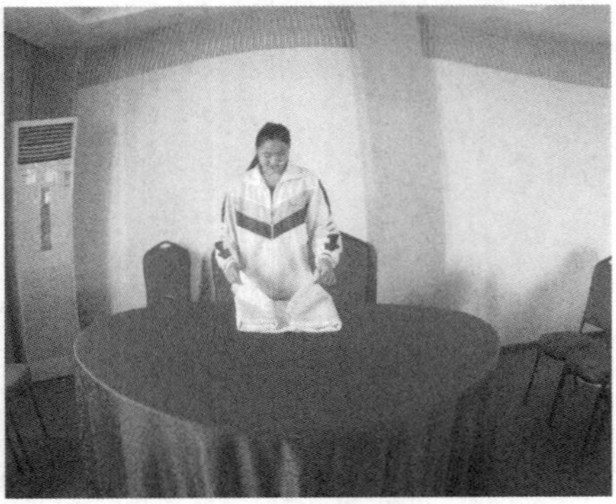

（2）打开

（3）抓起

（4）抖开

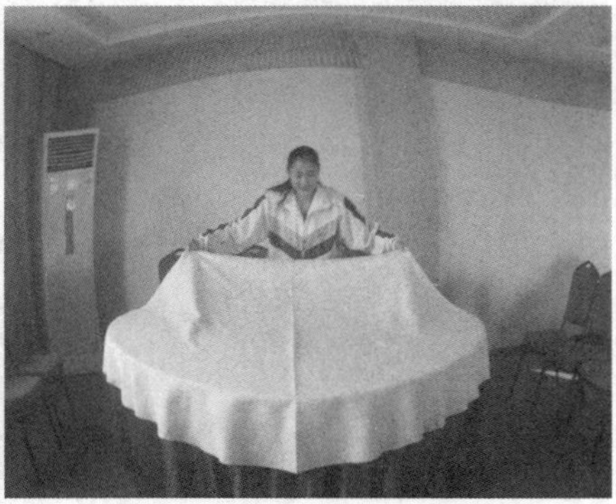

（5）拉平

（6）定位

3. 撒网式

服务员在选好合适的台布后，站在副主位处，在距离桌边约 40 厘米处呈右脚在前、左脚在后的站立姿势，将台布正面朝上打开，用两手的大拇指和食指分别捏住台布的两边，其余三指将多余台布提至右肩后方，上身向左转体，下肢不动并在右臂与身体回转时，将台布斜着向主宾座位的方向撒开，就像撒渔网一样，故名撒网式。将台布撒至前方时，上身转体回位，这时台布应平铺于餐台上。这种铺台方法多用于宽大场地或技术比赛场合，如下图所示：

（1）准备

（2）打开

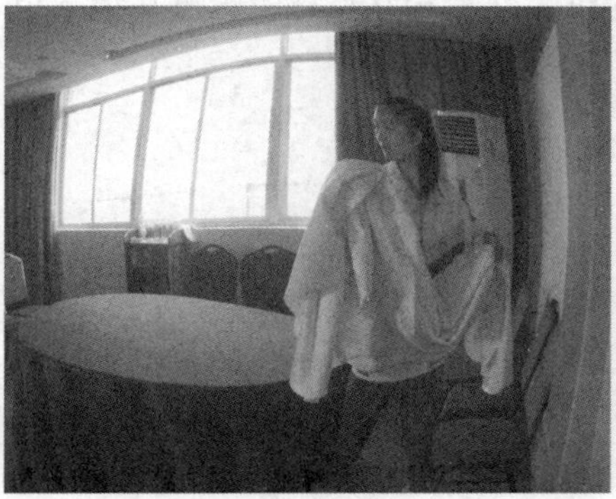
（3）抓起

（4）撒网

（5）拉平

（6）定位

（二）方台和长台

西餐一般多用方台和长台。普通方台台布的铺设可以参照圆台台布的铺设方法，但在用餐期间撤换台布时，不能使用撒网式铺台布方法，以免扬起灰尘影响其他客人用餐。

1. 方台铺法

高级西餐厅餐台上一般有三层布草：垫布、台布和装饰布。布件的色彩可以搭配使用。铺设台布时，打开台布，正面朝上，抖动手腕，抛出台布，一次到位，最后拉平、整理、定位。

2. 长台铺法

较长的餐台，台布一般由两个人合铺，需要几块台布拼铺在一起。服务员可以从餐台一端铺起，连续铺到另一端，或者两个人分别站在餐台两侧铺设台布。铺设时，台布与台布之间的折缝要对齐，连成一线。铺好的台布要做到折缝居中，平挺无皱，两端和两侧下垂部分都对应相等。

技能实训　铺台布

【实训方法】

教师先讲解、示范，然后由学生操作，教师再进行指导。5～6 名学生为一组，共用一张餐台，同学之间比质量、比速度，然后相互点评；也可在组与组之间比质量、比速度，然后相互点评。

【实训器具】

餐桌、各色台布。

【实训内容】

推拉式、抖铺式、撒网式。

【程序与操作标准】

表 2－4－1　铺台布操作标准

程　序	操作标准	
检　查	在铺台布之前，要认真细致地对每块台布进行检查，台布如有破损或污迹，要及时更换	
铺台布	圆　台	铺圆台布时，服务员应站在副主位处，先抖台布，后进行台布定位，再抚平台布；做到用力均匀，动作熟练，干净利落，一次到位
		要求台布正面向上，中心线对准主位，十字中心点居桌中，舒展平整，四边下垂部分均匀
	长　台	铺长台布一般由两个以上服务员共同完成。铺台布时，服务员分别站在餐桌的两侧，将第一块台布定好位，然后按要求依次将台布铺完
		要求台布必须正面向上，台布中心线要对齐，接缝要吻合，压口方向朝内，距离一致，两侧下垂部分要均匀，做到美观整齐

【项目考核】

表 2-4-2 中餐宴会铺台布评分表

考评题目		考评人姓名		
被考评人				
考核内容	分 值	扣 分	扣 分	扣 分
台布无破损、污迹等	10 分			
台布正面朝上	10 分			
中心线对准正位	10 分			
十字中心点居桌子中心	10 分			
下垂四角匀称	10 分			
合计得分	50 分			

【实训效果】

能灵活地运用三种铺台布技巧；通过训练达到手脚动作协调，并提高目测能力。

二、中餐摆台

中餐摆台一般分为零点便餐摆台和宴会摆台两种，零点便餐摆台以小餐桌为主，宴会摆台一般以大圆桌为主。服务员按照餐厅规格和就餐需要布置好餐台，并选择相应的餐具来摆设。

（一）场地布置

1. 餐桌布局

餐桌布局总的要求是统一规格、整齐有序、间隔适当，既方便宾客就餐，又便于席间服务。餐桌布局采取“中心第一，先右后左，高近低远”的原则。宴会的接待规格较高，形式较为隆重，故中餐的宴会多使用大圆桌。由于宴会的人数较多，所以就存在场地的布置问题，应该根据餐厅的形状和大小以及赴宴的人数多少安排场地，桌与桌之间的距离以方便服务人员服务为宜。主桌应该位于面向餐厅正门的位置，可以观察整个餐厅或者宴会厅。一定要将主宾入席和退席的线路设为主行道，要比其他通道宽一些。桌数不同则布局方法也会有所不同，但一定要做到台布铺置一条线，桌腿一条线，花瓶一条线，主桌突出，各桌相互照应，如表 2-4-3 所示。

表2－4－3　桌次排位方法

桌次排位	图　示
桌次排位之一	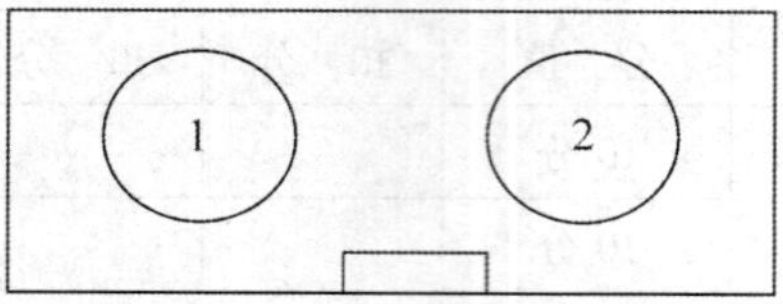 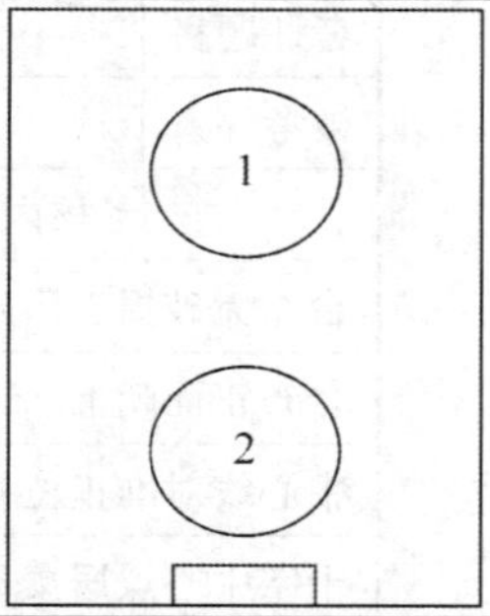
桌次排位之二	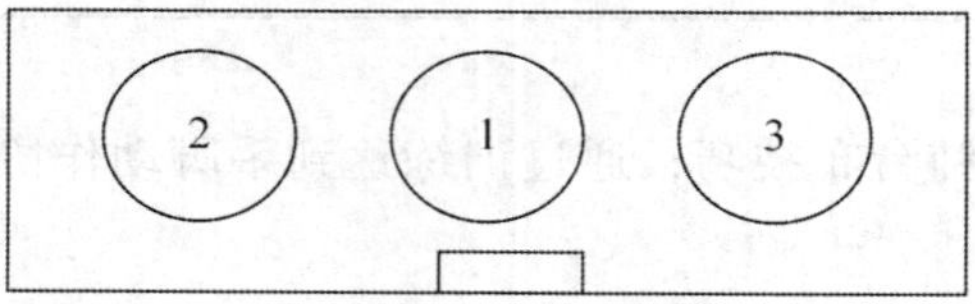 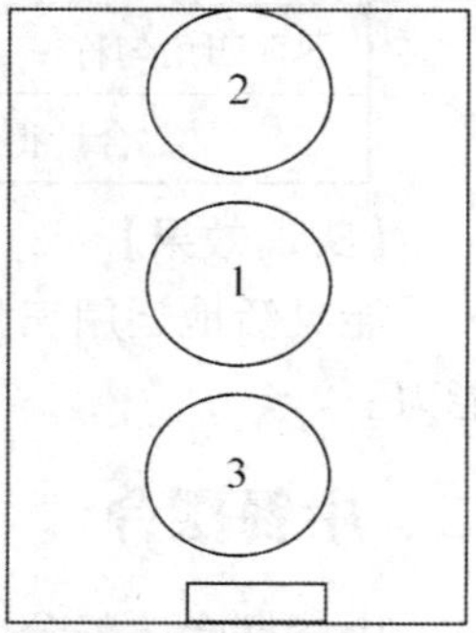
桌次排位之三	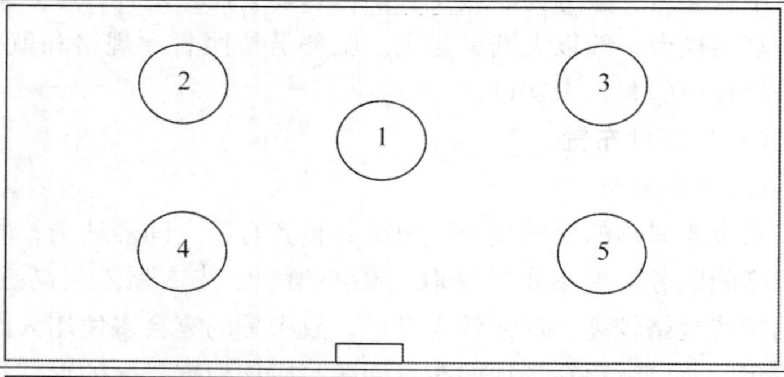
桌次排位之四	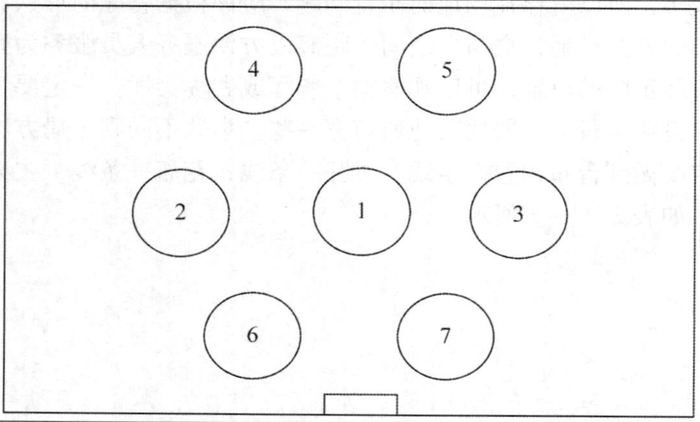

（续上表）

<table>
<tr><th>桌次排位</th><th>图　示</th></tr>
<tr><td>桌次排位之五</td><td>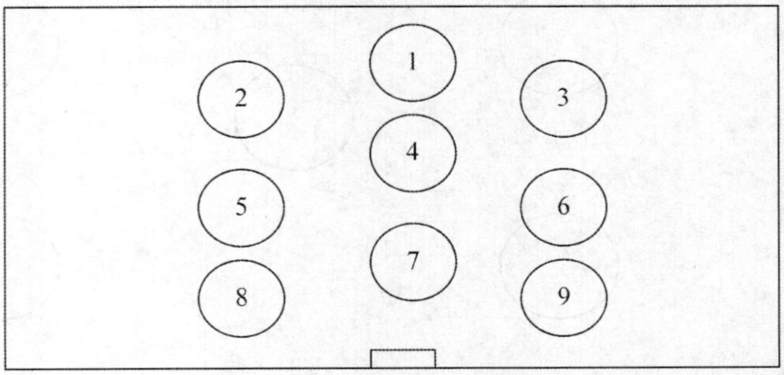
</td></tr>
<tr><td>桌次排位之六</td><td>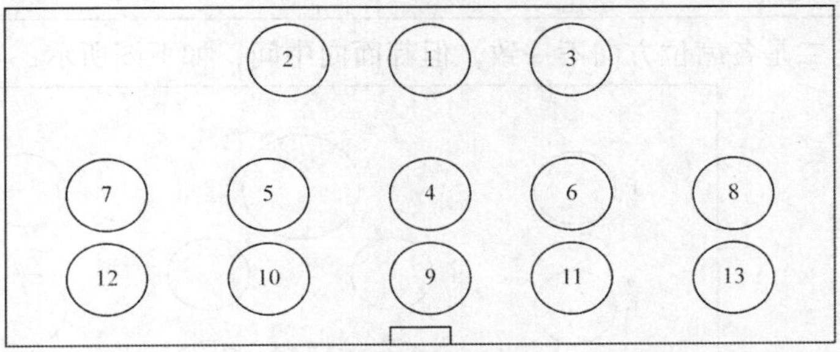
</td></tr>
<tr><td>桌次排位之七</td><td>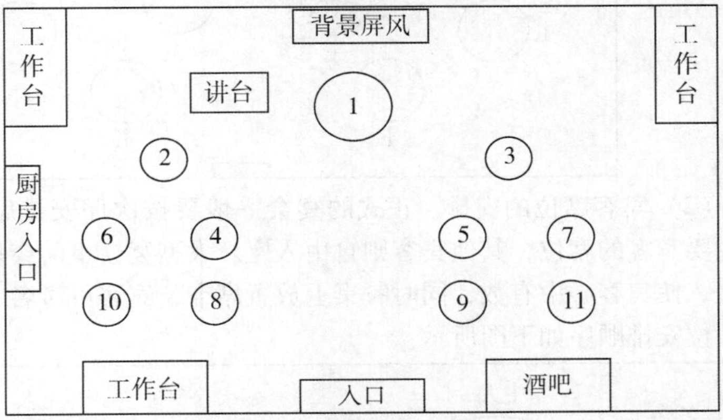
</td></tr>
</table>

2．宴会的席位安排

宴会的席位要根据宴会的性质、主办单位或主人的特殊要求，还要根据出席宴会的客人身份来安排，遵循的基本原则是“符合礼仪和规格，尊重风俗习惯，便于席间服务”。

（1）主人席位的安排。所谓主人，是指宴会主办人。一桌以上的宴会，各桌主人席位的确定有两种方法：一是各席主位方向一致，如下图所示：

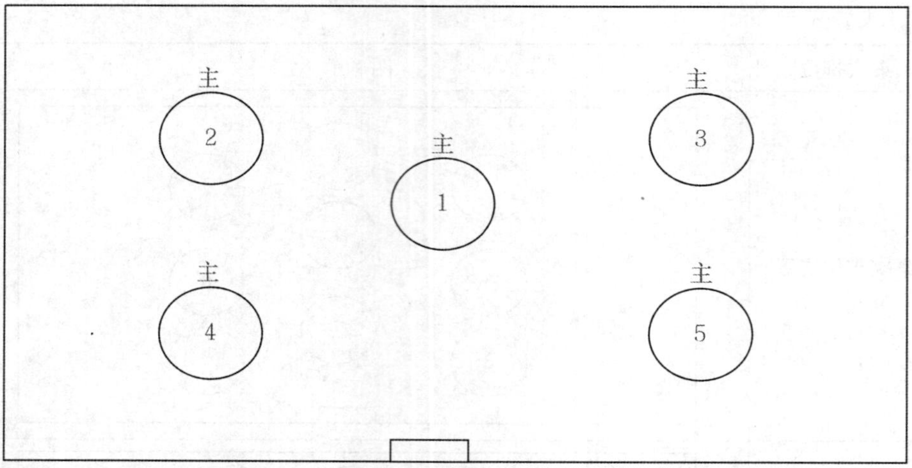

二是各席位方向不一致，但都面向中间，如下图所示：

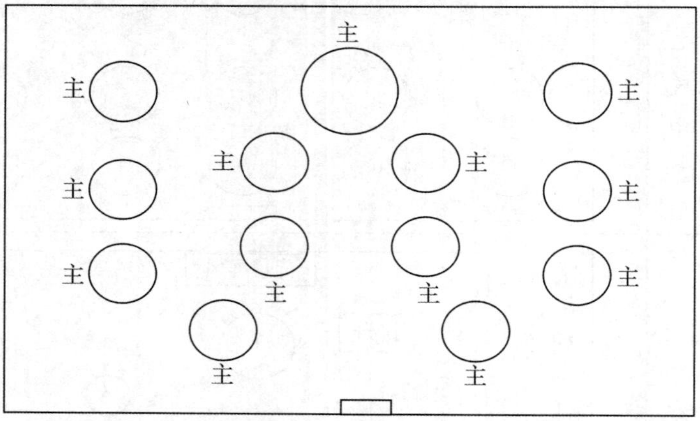

（2）宾客席位的安排。正式的宴会一般要按次序安排席位，有的只安排部分主要宾客的席位，其他宾客则自由入座。大型宴会事前会将宾客席位打印在请柬上，使宾客心中有数，同时餐桌上放置席卡，宾客可对名入座。中餐宴会常见的席位安排顺序如下图所示：

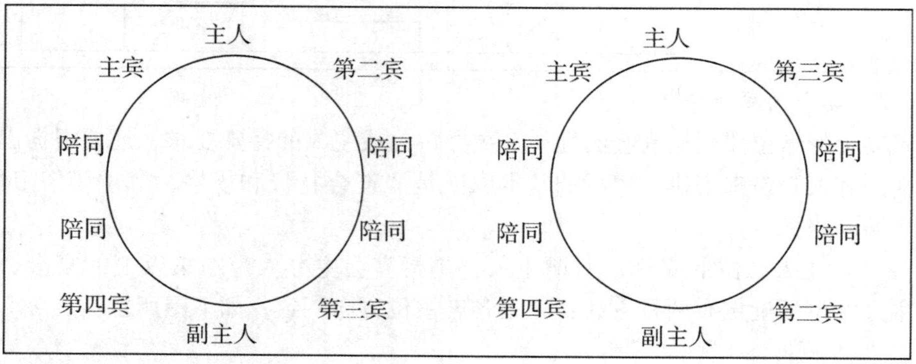

婚宴、寿宴的席位安排常遵循中国传统的礼仪和风俗习惯。婚宴的一般原则是“高位自上而下，男女主人并肩坐末座，男女宾客成双成对，自右而左，男左女右”；寿宴则遵循“主人坐末座，首席为主宾位，高位自上而下”的原则，如下图所示：

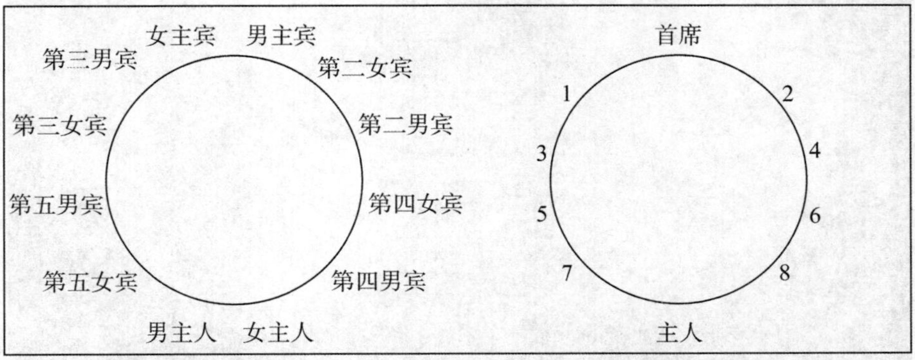

（二）台面布置

1. 中餐便餐摆台

中餐便餐摆台多用于零点散客或者是团体包餐，餐台常使用小方台或者小圆桌，主次区分不明显。服务员应在客人进餐前放好各种调味品，按照座位摆好餐具。餐具的多少，可以根据当餐的用餐人数及要求而定。

便餐摆台基本要求：

（1）铺台布，台布正面朝上，台布中线凸缝朝上，下垂部分均匀。

（2）双手消毒，摆放餐具、酒具，应使用托盘按顺序进行托摆。

（3）餐碟摆放于座位正中，距离桌边 1.5 厘米左右，约一中指的宽度，标识、图案、花纹要对正。

（4）汤碗与小汤匙应该一起摆在餐碟前 1 厘米左右的地方。

（5）筷子应该位于餐碟的右侧，筷子尾部距离桌边 1.5 厘米左右。

（6）烟灰缸 2 个，放在工作台上，根据宾客需求，规范摆放。

2. 中餐宴会摆台

左手托盘，右手摆放餐具，从主位开始摆起，遵循餐具、酒具摆放的规则，注意摆放技巧，同时注意美化餐桌时要符合客人的风俗习惯。摆台时一律使用托盘操作。中餐宴会摆台标准如下图所示：

具体要求如下：

（1）餐碟：碟边距离桌边 1.5 厘米左右，有酒店标志的要注意统一方向。餐碟之间的定位要均匀。转盘心与相对的两个餐位三点连成一线。主位、副主位的餐碟应压在中线主骨上。

（2）小餐碗、瓷勺：摆放在餐碟的左前方，碗边离餐碟边 1 厘米左右，瓷勺放进小餐碗内，勺把向左。

（3）调味碟：摆放在小餐碗右边距离碗边约 1 厘米处，与小餐碗平行。

（4）筷子架、筷子：筷子架横放在调味碟的右边，距离碟边约 1 厘米。筷子入套后平放在筷子架上，与餐碟平行，筷子尾部离桌边约 1.5 厘米。

（5）牙签：牙签包竖直放在餐碟与筷子之间的中部位置。

（6）红酒杯：摆放在小餐碗与调味碟之间的前方。主位、副主位的红酒杯应压桌布中间的折痕线。

（7）饮料杯：摆放在红酒杯的左边，酒杯之间、酒杯与小碗之间的距离均为 1 厘米。

（8）白酒杯：摆放在红酒杯的右边（三杯成一条直线），与红酒杯之间的距离为 1 厘米。

（9）公用餐具：摆放在第三宾客的右手边，长把勺尾部离桌边约 1.5 厘米。

（10）餐巾：将折叠好的餐巾花形翻开放置在餐碟上或饮料杯中。

（11）盘花：摆放在桌子中心。

（三）中餐摆台操作流程

表 2－4－4　中餐便餐摆台操作流程

步　骤	操作流程
准备	洗净双手，准备餐具、台布、餐巾等
	检查餐具是否有损坏，是否洁净光亮
	检查台布、餐巾是否干净，是否有损坏、褶皱
	检查调味品及垫碟是否齐全、洁净
铺台布	台布中缝居中，对准主位，四边下垂长短一致，四角遮住台脚的大部分
摆餐椅	4 人桌，正、副主位方向各摆 2 张，采取十字对称法
	6 人桌，正、副主位方向各摆 1 张，两边各摆 2 张，采用一字对中、左右对称法
	8 人桌，正、副主位方向各摆 2 张，两边各摆 2 张，采用十字对中、两两对称法
	10 人桌，正、副主位方向各摆 3 张，两边各摆 2 张，采用一字对中、左右对称法
	12 人桌，正、副主位方向各摆 3 张，两边各摆 3 张，采用十字对中、两两相间法
上转盘	8 人以上桌的桌面须摆转盘，并套上转盘布罩，转盘与餐桌同圆心
摆餐具	定位于餐台上的台布中线，然后对准中线摆放餐碟
	在中线两端各放一个餐碟，再在中线两侧均匀地放其余的餐碟
	餐碟右边摆放筷子架与筷子（筷子应放入筷子套），餐碟下沿与筷子一端成一直线，距离桌边约 1.5 厘米
	按客人需要摆放饮料杯、红酒杯、白酒杯

表 2－4－5　中餐宴会摆台操作流程

步　骤	操作流程
准备	洗净双手，用酒精棉球消毒双手
	用干净的布擦亮各类餐具、转盘等
	检查台布、餐巾等是否干净，是否有褶皱、小洞、油迹等，不符合要求的应立即更换
	餐巾折花并插入饮料杯中或放在餐碟上
铺台布	按铺圆台布的方法铺好台布
围台裙	顺桌沿将台裙按顺时针方向用按针或尼龙搭扣固定在桌沿上，下垂部分要舒展自然，注意接缝处不能朝向主要客人
摆餐椅	按“二二三三”的样式摆好餐椅
上转盘	转盘与餐桌同圆心

（续上表）

步　骤	操作流程
摆餐具及用具	餐碟摆在离桌边约 1.5 厘米处，各餐碟之间距离相等
	汤碗摆在餐碟左前方，相距约 1 厘米；汤匙放在汤碗里，匙柄向左
	筷子架横摆在调味碟右边，距离碟边约 1 厘米；筷子垂直于筷子架摆放于其上，筷子尾部与桌边距离 1.5 厘米；牙签包摆在餐碟与筷子之间的中部位置，字面向上
	水杯摆在汤碗正前方，间距为 1 厘米
	折好的餐巾花形摆在餐碟上
	摆烟灰缸、牙签筒、调味架、花瓶、台号牌，花瓶摆在转盘中央，台号牌摆在花瓶旁边

（四）中餐摆台注意事项

（1）在选配餐具器皿时，一定要选择花色成套且完整的。

（2）所有瓷、玻璃器皿，使用前要仔细检查，确保无破损、裂痕、缺口。

（3）有污渍的餐具器皿，绝对禁止使用。

（4）有破损或污渍的台布及餐巾，均不能使用。

（5）餐具应根据客人的需要及时用托盘奉上；便餐摆台是不摆酒杯的，亦可随客人的需要提供。

（6）摆台时先分类备齐餐具，依摆餐具的规则和顺序放在托盘或手推车内，运至餐桌前摆置。用托盘摆放时，盘、碗、碟等放入托盘中，不宜堆置过高，以免倾斜翻倒。

（7）应妥善维护餐具，操作不当容易造成破损，影响摆台工作效率，应避免人为的损坏。

（8）餐桌装饰在于美化点缀，装饰物应一致地摆在餐桌一角，色彩务求协调，否则就不必摆设，以免妨碍客人进餐。

（9）餐具摆设完后，务必做一次检查，看是否正确、美观，同时将座椅摆放整齐；营业前或开席前 20 分钟，领班应做一次复检工作，凡有缺漏应立即纠正。

技能实训　中餐摆台

【实训方法】

教师先讲解、示范，然后由学生操作，教师再进行指导。学生应进行强化训练，以熟练掌握操作技能。

【实训场地】

校内模拟餐厅或实训基地。

【实训内容】

（1）中餐方台摆台。

（2）中餐10人标准宴会摆台。

【项目考核】

表2-4-6　中餐方台摆台评分表

考评题目				考评人姓名		
被考评人						
考核内容	考核要点	考评标准	分　值	扣　分	扣　分	扣　分
仪容仪表	发型符合要求； 服装、鞋袜整洁； 仪容大方，不戴饰物	发型不符合要求扣1分； 服装、鞋袜不整洁扣2分； 戴饰物扣2分	5			
抖铺台布	站副主位处铺台布； 台布正面朝上； 台布中线凸缝朝上	铺台布站错位扣2分； 台布反面朝上扣2分； 中线凸缝朝下扣2分	8			
摆台顺序	用托盘按顺序摆放； 摆台全过程顺时针服务； 先围椅后斟酒	操作顺序错一次扣2分； 逆时针服务一次扣1分	15			
台面整齐一致	餐碟定位准确，距离均等； 碟边距桌边约1.5厘米； 餐具、用具摆位准确； 餐具、用具间距均等； 布局合理，符合程序； 台面整齐、美观、和谐	定位不准一件扣0.5分； 碟边与桌边距离不等一件扣0.5分； 摆位错一件扣0.5分； 间距不等一件扣0.5分； 程序错一项扣0.5分	20			
餐具花纹	餐具、酒具花纹对正	一件不正扣1分，扣完为止	8			
餐巾折花	主位花突出； 观赏面朝向宾客； 餐巾折花收口入杯部分整齐； 花形挺括，不松散； 餐巾使用正确，未用反	主位花不突出扣0.5分； 观赏面朝向错误扣0.5分； 花形松散扣0.5分； 餐巾用反扣3分	15			

（续上表）

考核内容	考核要点	考评标准	分值	扣分	扣分	扣分
斟酒	从第一客人右侧开始斟倒； 酒斟八分满； 酒液斟满，旋转瓶口； 斟酒过程无滴洒	斟酒站位不对一次扣1分； 酒量不准一杯扣0.5分； 未转瓶口一次扣0.5分； 酒水滴洒一滴扣0.5分	12			
动作姿势	端托平稳，步伐稳健； 摆台动作轻快； 摆台姿势正确	端托不稳一次扣0.5分； 动作不规范一次扣0.5分； 姿势不正确一次扣0.5分	12			
操作卫生	铺台、折花前，双手消毒； 摆台过程符合卫生要求； 操作时手不碰餐具、酒具入口处	一项未消毒扣1分； 手碰餐具、酒具入口处一次扣0.5分	5			
失误		餐具、酒具漏摆一件扣1分； 餐具、酒具落地一件扣2分； 餐具、酒具打碎一件扣3分				
时间	在20分钟内完成，超时1分钟扣2分，最多扣10分					
合计得分						

表2－4－7　中餐宴会摆台评分表

考评题目				考评人姓名		
被考评人						
考核内容	考评标准		分　值	扣　分	扣　分	扣　分
台布（9分）	台布中心居中		3			
	转盘位置正确		2			
	四周下垂基本均等		4（每角1）			
餐碟（14分）	餐碟相对位置	间隔基本相等	5（每组0.5）			
		相对的两个餐位的餐碟与台面中心三点一线	5（每组0.5）			
	餐碟标记方向一致，正面在上		2（每组0.2）			
	距桌边约1.5厘米		2（每组0.2）			
筷子（5分）	筷子尾部距桌边约1.5厘米		3（每组0.3）			
	筷子架横摆在调味碟右边，距离碟边约1厘米		2（每件0.2）			
牙签（2分）	牙签包垂直放在餐碟与筷子之间的中部位置		2（每件0.2）			
汤匙及调味碟（6分）	操作时手拿匙柄		2（每把0.2）			
	匙柄一律向左		2（每把0.2）			
	调味碟摆放位置正确		2（每个0.2）			
小餐碗（7分）	拿边		2（每件0.2）			
	摆放在餐碟的左前方，碗边离餐碟边约1厘米		5（每件0.5）			
杯与杯花（8分）	杯子拿法	水杯：拿下半部分，不碰杯口	2（每件0.2）			
		烈酒杯、葡萄酒杯：拿柄	2（每件0.2）			
	摆放位置正确		4（每件0.4）			
餐巾折花（25分）	种类：10种各不相同		10			
	难度：手折4次以上		2			
	美观挺括		2			
	比例合适，对称		1			
	能准确说出花名		10			
花瓶（1分）	在台面中心		1			

（续上表）

考核内容	考评标准		分　值	扣　分	扣　分	扣　分
公筷（2分）	2双	摆放在第三宾客的右手边	1			
		方向：顺时针	1			
烟灰缸（1分）	放5个烟灰缸		1（每件0.2）			
菜单（1分）	分别置于主人和副主人左侧		1（每件0.2）			
座椅（2分）	椅子间距基本相等		1（每个0.1）			
	与台布相切		1（每个0.1）			
斟酒（10分）	每斟一次酒，酒瓶要放回托盘		1			
	酒瓶之间不碰撞		1			
	主次分明，顺序正确		1			
	酒瓶商标面向客人		1			
	葡萄酒要求斟2/3		2（每杯0.2）			
	托盘悬位在椅子外		2			
	杯子不倒，瓶口不碰杯		2			
餐具放置整体要求（6分）	不倒下		2（每件0.2）			
	不落地		4（每件0.4）			
店标（1分）	面向客人		1（每件0.1）			
合计得分						

【实训效果】

学会按科学的程序和方法进行摆台操作，如中式宴会摆台按第一托摆定位盘，第二托摆瓷碗、汤匙，第三托摆红酒杯的顺序，并且能迅速摆出便于客人使用的席位；通过训练达到手脚动作的协调，提高目测能力，提高美化餐桌的能力和艺术审美能力。

三、西餐摆台

常见的西餐厅有服务时间达18～24小时的咖啡厅和提供午、晚两餐或只提供晚餐的高级西餐厅（或称为“扒房”）。

（一）咖啡厅摆台

咖啡厅的英语为coffee shop，美语为café，通常一日三餐提供种类丰富的自助餐和风格各异的西方美食，是一种饮食多元化的场所。咖啡厅大多利用自然采光，墙壁上挂着风格抽象的装饰画。美式咖啡厅体现了不同文化、艺术形式之间的渗透，较适合年轻人的口味，带有浓厚的休闲娱乐性质。美式咖啡厅向客人提供风靡世界的美式扒类、烧烤类菜肴和美酒佳酿，灯光较暗淡，易激发人的怀旧之情，且大多采用自助餐或美式服务。零点餐也采用美式服务，菜肴在厨房分盘装好，直接端给客人，大大缩短了客人等餐的时间。

1．餐台场地布置

咖啡厅一般使用小方台或小圆台。自助餐服务在当前是一种较流行的服务方式。咖啡厅常设置成自助餐厅（self-service restaurant），接待对象是零散客人或团体客人，价格实惠、品种丰富且节省时间。自助餐台的设计如下图所示：

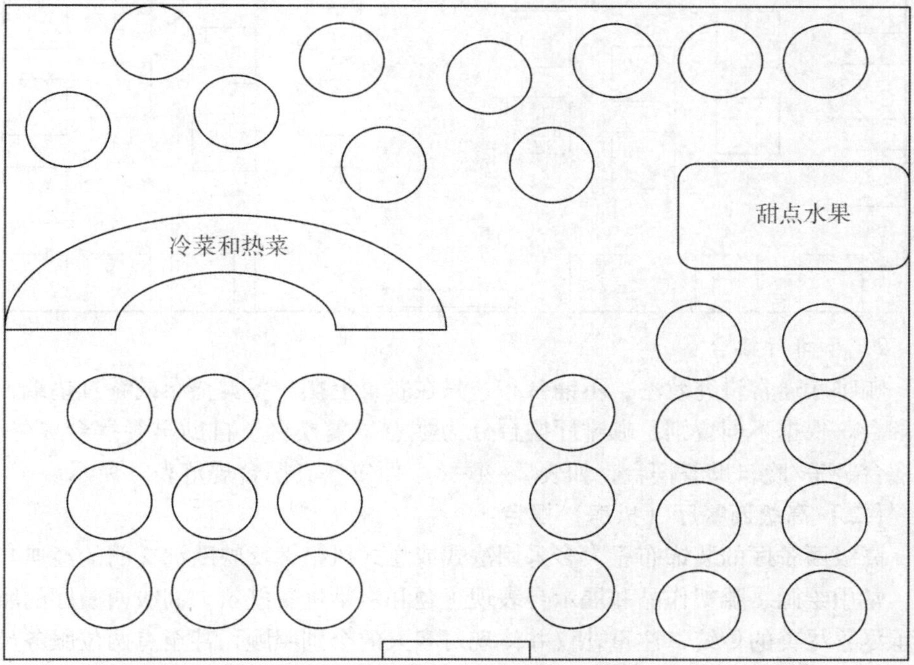

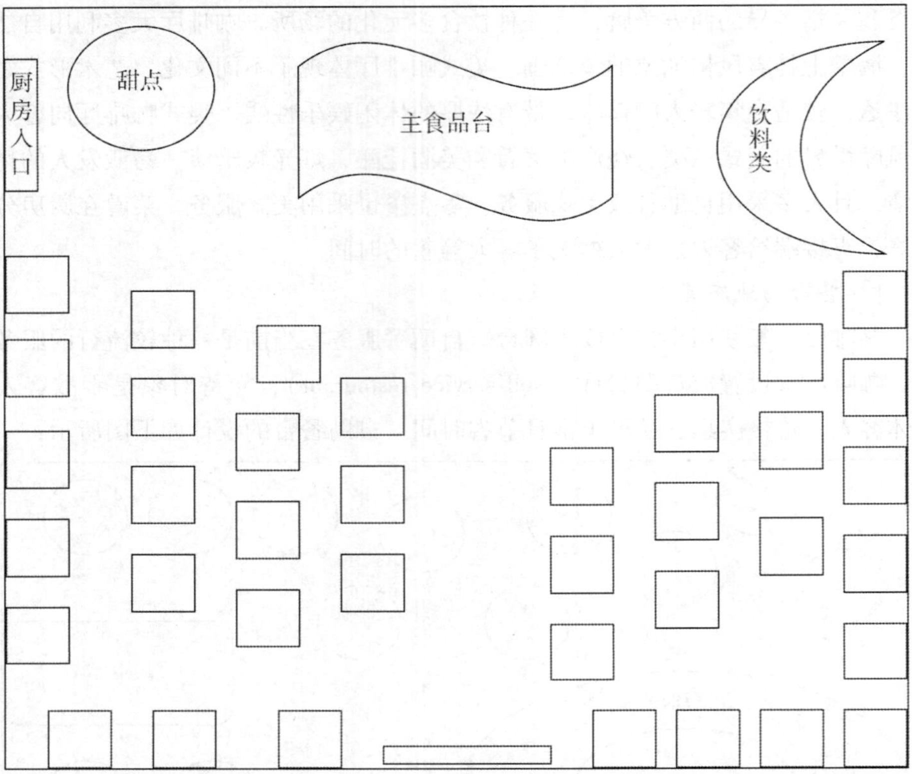

2. 咖啡厅摆台

咖啡厅通常讲究效率，不铺台布，只在餐桌上摆放餐具垫布或餐具垫纸，便于翻台。根据不同餐别，咖啡厅摆台分为零点早餐摆台、自助早餐摆台、午/晚餐摆台、午/晚自助餐摆台，如表2－4－8“西餐餐具摆台规范表”所示。

（二）高级西餐厅（扒房）摆台

高级西餐厅的装饰布置大多采用法式或意式风格，反映欧洲文明的经典与辉煌，常用绘画、雕塑作品和展示台表现主题和渲染进餐气氛。高级西餐厅的服务秉承尽善尽美的传统，注重礼仪并体现对客人的个别照顾，甚至有两位服务员为一桌客人服务的形式。高级西餐厅提供正宗的西式大菜，有的菜肴就在客人的餐桌边进行烹制表演，烘托气氛，体现服务特色。当然，也有提供便餐的扒房。因此，扒房的摆台也分便餐摆台和宴会摆台两种。

1. 餐台的布置

餐台是可以拼接的，餐台的大小和台形的排法，可根据人数的多少和餐厅的大小进行布置，一般为长台。人数较多的大型宴会可选多种台形进行摆台。下图是几种常见的西餐宴会台形。

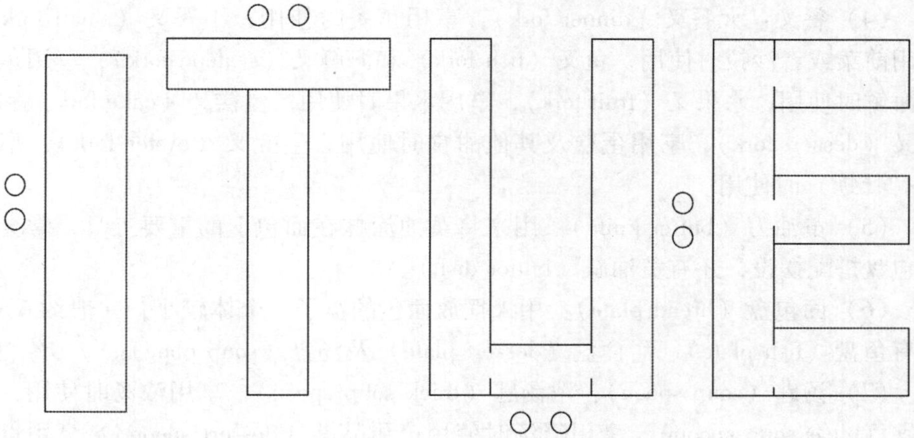

2. 西餐宴会座次安排

主人一般安排在面向餐厅正门的位置。使用长台时，主人安排在长台正中位置或者长台两端；使用圆桌则与中餐宴会座次安排相同。具体排法如下图所示。

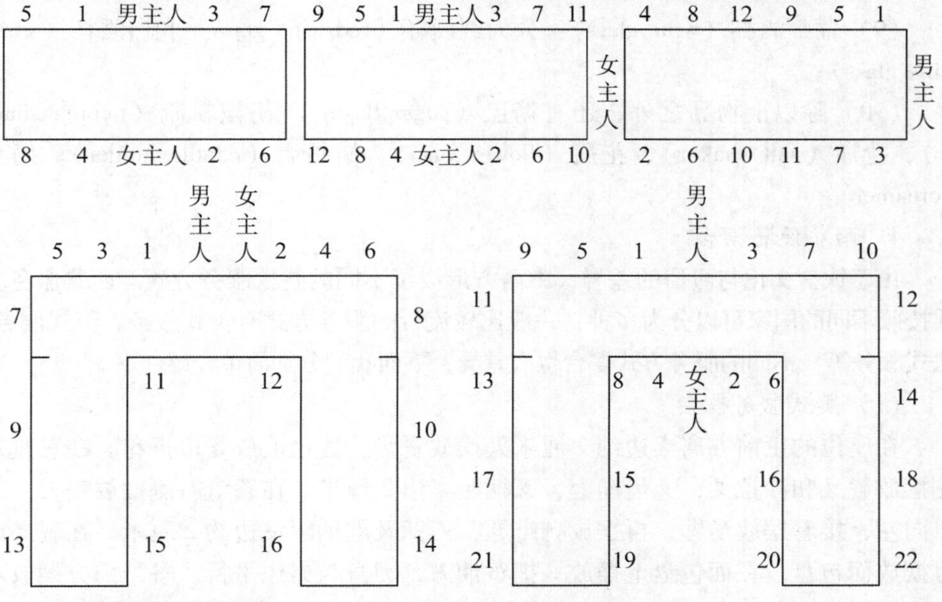

3. 西餐餐桌摆放用品

(1) 台布：颜色以白色、金黄色为主。

(2) 餐盘：一般餐厅设计有 12 寸左右的装饰盘（show plate），可以作为摆台的基本定位，还有 8 寸左右的沙拉盘（salad plate）。

(3) 餐刀：大餐刀（dinner knife），享用正餐时使用；小餐刀（small knife），享用前菜和沙拉时使用；鱼刀（fish knife），享用海鲜或者鱼类时使用；牛排刀（steak knife），前端有小锯齿，享用牛排时使用；甜食刀（dessert knife），享用甜食时使用。

（4）餐叉：大餐叉（dinner fork），享用正餐时使用；小餐叉（small fork），享用前菜或者沙拉时使用；鱼叉（fish fork）和海鲜叉（seafood fork），享用鱼类和海鲜时使用；水果叉（fruit fork），享用水果时使用；蛋糕叉（cake fork）和甜食叉（dessert fork），享用蛋糕及其他甜食时使用；生蚝叉（oyster fork），享用蚝（牡蛎）时使用。

（5）黄油刀（butter knife）：用来将黄油涂抹在面包上的重要工具，常会与面包盘搭配摆设，还有黄油碟（butter dish）。

（6）面包盘（bread plate）：用来摆放面包的盘子，个体较小，一般约 6 寸。还有鱼盘（fish plate）、甜食盘（dessert plate）及汤盘（soup plate）。

（7）汤匙（soup spoon）：浓汤匙（thick soup spoon），享用浓汤时使用；清汤匙（clear soup spoon），享用清汤时使用；甜品匙（dessert spoon），享用点心和其他甜品时使用；餐匙（table spoon），享用清汤和浓汤时都可以使用。

（8）水杯（water glass）：用来盛装饮用水。还有咖啡杯（coffee cup）、汤杯（soup cup）和蛋杯（egg cup）。

（9）葡萄酒杯（wine glass）：分为红酒杯（red wine glass）和白酒杯（white wine glass）。

（10）除以上物品之外，还有糖盅（sugar basin）、胡椒粉瓶（pepper shaker）、盐瓶（salt shaker）、花瓶（flower vase）、蜡烛台（candle holder）、奶盅（creamer）。

4. 西餐便餐摆台

由于饮食文化与习俗的差异，中西方形成了不同的餐饮服务方式。西餐服务方式按照不同的国家可以分为多种，一般比较流行的服务方式有美式服务、英式服务、法式服务等，不同的服务方式摆台也有差异，下面我们分别简单介绍一下。

（1）美式服务摆台。

在座位的正前方离桌边约 2 厘米处摆放餐盘，餐盘上放餐巾折花。在餐盘左侧摆放餐叉和沙拉叉，叉齿向上，叉柄距桌边 2 厘米。在餐盘右侧摆放餐刀，刀口向左，接着摆放汤匙，再摆放咖啡匙，刀柄及匙柄距桌边约 2 厘米。在餐叉前方摆放面包盘，在面包盘上摆放一把黄油刀，刀身与桌边平行。餐刀前方摆放水杯或者酒杯，杯口向下倒扣摆放。餐桌中间摆放糖盅、胡椒粉瓶、盐瓶、花瓶等。具体摆放形式如下图所示：

（2）英式服务摆台。

在座位的正前方离桌边约 2 厘米处摆放餐盘，餐盘上放餐巾折花。在餐盘左侧摆放餐叉及鱼叉，叉齿向上，叉柄距桌边约 2 厘米。甜品匙及汤匙依次摆放在鱼刀右侧，匙柄距离桌边约 2 厘米。在餐盘左边摆放面包盘；在面包盘右侧摆放一把黄油刀，刀身与餐刀平行。水杯及酒杯摆放在汤匙前方，杯口均向上。具体摆放形式如下图所示：

（3）法式服务摆台。

在座位的正前方离桌边约 2 厘米处摆放餐盘，餐盘上放餐巾折花。在餐盘的左侧摆放餐叉和沙拉叉，叉齿向上，叉柄距离桌边约 2 厘米。在餐盘的右侧摆放餐刀，刀口向左，刀柄距离桌边约 2 厘米。在餐刀右侧摆放汤匙，匙柄距离桌边约 2 厘米。将面包盘放在沙拉叉的左侧，盘上右侧摆放一把黄油刀，与餐刀平行。在餐盘正前方摆放甜品匙及点心叉，匙在前方，匙柄向右；叉在后方，叉柄向左。餐刀刀尖前方摆放红酒杯，红酒杯的右后方摆放水杯，水杯的右后方摆放白酒杯，杯口均向上。在餐桌中间摆放糖盅、胡椒粉瓶、盐瓶和花瓶等。具体摆放形式如下图所示：

5. 西餐宴会摆台

西餐宴会的摆台应根据宴会菜单，选择相应的餐具，按上菜顺序先外后里将刀、叉、匙全部摆齐。

（1）装饰盘的摆放。

可用托盘端托，也可用左手垫好餐巾，餐巾垫在餐盘盘底，把装饰盘托起，从主人位开始，按顺时针方向用右手将餐盘摆放于餐位正前方。如盘内有店标，则摆放时店标要端正并且方向统一。盘与盘之间距离相等，盘边距桌边 2 厘米。

（2）餐巾折花的摆放。

将餐巾折花放于装饰盘内，将观赏面朝向客人。

（3）面包盘、黄油碟的摆放。

在装饰盘左侧 10 厘米处摆面包盘，面包盘与装饰盘的中心轴对齐，黄油盘摆放在面包盘右上方，相距 3 厘米。

（4）餐具的摆放。

装饰盘左侧按从左至右的顺序依次摆放沙拉叉、鱼叉、主餐叉，各相距 0.5 厘米，手柄距桌边 1 厘米（鱼叉可向前突出 1 厘米），叉尖朝上。装饰盘的右侧按从左到右的顺序依次摆放主餐刀、鱼刀（鱼刀可向前突出 1 厘米），刀刃向左，刀柄距桌边 1 厘米。鱼刀右侧 0.5 厘米处摆放汤匙，勺面向上，汤匙右侧 0.5 厘米处摆放沙拉刀，刀刃向左。甜食叉、甜食勺平行摆放在装饰盘正前方，叉在后，叉柄向左；勺在前，勺柄朝右。甜食叉、甜食勺手柄相距 1 厘米。黄油刀摆放在面包盘上右 1/3 处，黄油刀中心与面包盘的中心线吻合。

（5）酒具的摆放。

水杯摆放在主餐刀正前方 3 厘米处，杯底中心在主餐刀的中心线上，红酒杯摆在水杯的右后方，杯底中心与水杯杯底中心的连线与餐台边成 45°角，杯壁间距 0.5 厘米，白酒杯摆在红酒杯的右后方，其他标准同上。摆酒具时要拿酒具的杯托或杯底部。

（6）蜡烛台和椒、盐瓶的摆放。

西餐宴会如是长台一般摆两个蜡烛台，蜡烛台摆在台布的中缝线上或餐台两端适当的位置上，调味品（椒、盐瓶）、牙签筒，按四人一套的标准摆放在餐台中缝线位置上，并等距离摆放数个花瓶，鲜花不要高过客人的眼睛。如是圆台，台心位置摆放蜡烛台，椒、盐瓶在台布中缝线两侧按左椒右盐的要求对称摆放，瓶壁相距 0.5 厘米。在主人位和主宾位之间摆放烟灰缸，然后按顺时针方向在每两位客人之间摆放一个，烟灰缸的上端与酒具平行。火柴平架在烟灰缸上端，店标向上。具体摆放形式如下图所示：

6. *法式铁板烧摆台*

近年来中西式特色快餐崛起，提倡“中餐西吃”。这种模式打破了原来中式快餐脏、乱、差的用餐环境，为消费者提供了舒适温馨、时尚简约的用餐氛围。法式铁板烧是一种新兴的时尚饮食设备，应用于多项餐饮行业。法式铁板烧是一种法式、中式和日式相结合的新的饮食方式，由厨师一对一服务，食材新鲜，做法讲究，能近距离欣赏师傅熟练的铁板烧手艺，甚至还能由专门的大厨为客人定制烧烤大餐。而铁板烧店的服务也是中西服务相结合，具体表现在餐具的使用和摆台等方面。

视野链接

表 2-4-8　西餐餐具摆台规范表

餐桌摆设	各类餐具	适用范围	图　示
简单摆设（simple cover）	装饰盘、餐巾、大餐刀、大餐叉、万用葡萄酒杯	简餐、西餐厅	
便餐餐具（a la carte cover）	装饰盘、餐巾、大餐刀、大餐叉、面包盘、奶油刀、红酒杯、白酒杯	中、高价位餐厅	
宴会全餐（complete dinner cover）	装饰盘、餐巾、前菜刀、前菜叉、汤匙、正餐刀、正餐叉、面包盘、奶油刀、甜点刀、甜点叉、红酒杯、白酒杯	前菜、汤、肉类主菜、点心。其中，前菜配白酒，主菜配红酒	
以鱼类为前菜的全餐（complete dinner cover taking fish as antipasto）	装饰盘、餐巾、鱼刀、鱼叉、汤匙、正餐刀、正餐叉、面包盘、奶油碟、甜点刀、甜点叉、红酒杯、白酒杯	汤、鱼、肉类主菜、点心及酒	
大陆式早餐（continental breakfast）	沙拉盘、餐巾、小餐刀、咖啡杯和盘、咖啡壶、茶匙、果酱碟、面包篮、奶油碟、奶盅	大陆式早餐	

（续上表）

餐桌摆设	各类餐具	适用范围	图　示
英式早餐（English breakfast）	装饰盘、餐巾、小餐刀、小餐叉、茶匙、咖啡杯和盘、面包盘、奶油刀、咖啡壶、奶盅、糖盅、果酱碟、奶油碟、盐罐、胡椒罐、面包篮	果汁、各式面包、主食（蛋加培根、火腿或香肠）、咖啡或茶	
套餐餐具（table d'hate cover）	装饰盘、餐巾、大餐刀、大餐叉、沙拉刀、汤匙、面包盘、奶油碟和刀、水杯、红酒杯、白酒杯	汤、沙拉、肉类主菜、点心等	
咖啡厅早餐（coffee shop breakfast）	垫纸、大餐刀、大餐叉、面包盘、黄油刀、咖啡杯	各式面包、果汁、咖啡或茶	
咖啡厅午/晚餐（coffee shop lunch/dinner）	垫纸、大餐刀、大餐叉、面包盘、黄油刀、水杯	简餐	
咖啡厅自助早餐（coffee shop buffet breakfast）	垫纸、大餐刀、大餐叉、甜食匙、面包盘、黄油刀、咖啡杯	自助餐	

（续上表）

餐桌摆设	各类餐具	适用范围	图　示
咖啡厅自助午/晚餐（coffee shop buffet lunch/dinner）	垫纸、大餐刀、大餐叉、汤匙、甜食匙及叉、面包盘、黄油刀、水杯	自助餐	

表 2－4－9　特殊菜式的餐具摆设

菜　式	左边餐具	右边餐具	盛装器皿	其他摆设	图　示
龙虾（cold lobster）	小餐叉、龙虾撬	小餐刀、龙虾叉	10 寸盘	洗手碗、盐罐和胡椒罐	
蜗牛（snail）	蜗牛夹、小餐叉	蜗牛叉、汤匙	蜗牛盘	盐罐、胡椒罐	
生蚝（oyster）		生蚝叉、万用葡萄酒杯	生蚝放在铺了碎冰的盘中	洗手碗、胡椒罐、盐罐	
鱼子酱（caviar）	小餐叉	小餐刀、万用葡萄酒杯	冰过的点心盘	吐司、奶油	

（续上表）

菜　式	左边餐具	右边餐具	盛装器皿	其他摆设	图　示
熏鲑鱼（smoked salmon）	鱼叉	鱼刀	点心盘	盐罐、胡椒罐	
熏鱼（smoked fish）	鱼叉	鱼刀	点心盘	盐罐、胡椒罐	
鹅肝酱（goose liver paste）	小餐叉	小餐刀	点心盘	盐罐、胡椒罐	
海鲜鸡尾酒（seafood cocktail）	小餐叉	茶匙	鸡尾酒杯	盐罐、胡椒罐	
朝鲜蓟（artichoke）		大餐叉	点心盘	洗手碗、盐罐、胡椒罐	
半颗葡萄柚（half grapefruit）		茶匙	点心盘		

（续上表）

菜　式	左边餐具	右边餐具	盛装器皿	其他摆设	图　示
半颗哈密瓜（half cantaloupe）	小汤匙		点心盘	糖精或蜂蜜、洗手碗	
切片哈密瓜（slice cantaloupe）	小餐叉	小餐刀	点心盘	糖精或蜂蜜	
火腿哈密瓜（ham&cantaloupe）	小餐叉	小餐刀	冷餐盘	盐罐、胡椒罐	
火腿芦笋（asparagus tips with ham）	小餐叉	小餐刀	冷餐盘	盐罐、胡椒罐	
芦笋尖（asparagus tips）		小餐叉	点心盘	盐罐、胡椒罐	
水果盘（fruit bowl）	小汤匙	小餐叉	点心盘	洗手碗	

（续上表）

菜　式	左边餐具	右边餐具	盛装器皿	其他摆设	图　示
芝士（cheese）	小餐叉	小餐刀	点心盘	盐罐、胡椒罐	
意大利面（pasta）	汤匙	大餐叉	大餐盘	胡椒罐、盐罐、弃物小盘	
海鲜汤（boiler biases）	鱼叉	汤匙、鱼刀、万用葡萄酒杯	热汤盘和垫	胡椒罐	
法国火锅（pot-au-feu）	大餐叉	汤匙、大餐刀、万用葡萄酒杯	热汤盘和垫	盐罐、胡椒罐	
芝士火锅（cheese fondue）		三尖长柄叉	火锅盘或点心盘	盐罐、胡椒罐	

技能实训　西餐摆台

【实训方法】

教师先讲解、示范，然后由学生操作，教师再进行指导。对学生进行强化训练，使学生熟练掌握该项操作技能。

【实训场地】

校内模拟餐厅或实训基地。

【实训内容】

(1) 西餐自助餐摆台。

(2) 西餐宴会摆台。

【项目考核】

表 2-4-10 西餐自助餐摆台评分表

考评题目			考评人姓名		
被考评人					
考核内容	考评标准	分值	扣分	扣分	扣分
铺台布	台布中凸线向上，中凸线与餐台中线吻合	2			
	铺设操作最多4次便应整理成形	2			
	两块台布中间重叠5厘米（整块台布也可）	2			
	四周下垂匀称	2			
拉椅定位	从主人位开始按顺时针方向进行，椅子之间距离基本相等	2			
	椅子与下垂台布距离1厘米	2			
装饰盘	盘边距桌边1厘米	3			
	店标朝向一致（在上方）	3			
刀、叉、勺	刀、叉、勺各距桌边2厘米	6			
	左叉、右刀各距装饰盘1厘米，叉与勺相距1厘米	6			
面包盘、黄油刀	面包盘在正餐叉左侧，与其距离1厘米	6			
	黄油刀置于面包盘右边1/3处	4			
摆水杯及倒水	水杯放在正餐刀正前方2厘米处	8			
	杯底中心与正餐刀在一条中心线上	2			
	手拿杯的位置正确（下部、颈部），倒水八分满	2			
餐巾折花（盘花）	造型美观，大小一致	12			
	在盘中位置一致，左右一条线	10			
椒、盐瓶	椒、盐瓶与桌沿相距50厘米，左椒右盐	3			
	椒、盐瓶间距中心对准台布中凸线	3			

（续上表）

考核内容	考评标准	分 值	扣 分	扣 分	扣 分
牙签盅、烟灰缸	牙签盅与椒、盐瓶相距2厘米，牙签盅中心压在台布中凸线上，烟灰缸距牙签盅2厘米，其中一个齿口朝牙签盅	10			
花瓶	位置准确，压中线	3			
整体印象	餐具规格协调统一、整齐美观，操作动作娴熟、敏捷，姿态优美	7			
合计得分		100			

表2-4-11　西餐宴会摆台评分表

考评题目			考评人姓名		
被考评人					
考核内容	考评标准	分 值	扣 分	扣 分	扣 分
铺台布	台布中凸线向上，中凸线与餐台中线吻合	2			
	铺设操作最多4次便应整理成形	2			
	两块台布中间重叠5厘米（整块台布也可）	2			
	四周下垂匀称	3			
拉椅定位	从主人位开始按顺时针方向进行，椅子之间距离基本相等	2			
	椅子与下垂台布距离1厘米	2			
装饰盘	盘边距桌边1厘米	3			
	店标朝向一致（在上方）	3			
刀、叉、勺	摆放顺序由里往外	5			
	摆放位置准确	5			
面包盘、黄油刀、黄油碟	摆放顺序正确（盘、刀、碟）	6			
	摆放位置准确	4			
摆酒杯、水杯	摆放顺序正确（白酒杯、红酒杯、水杯）	6			
	摆放位置准确	6			
	手拿杯的位置正确（下部、颈部）	5			

（续上表）

考核内容	考评标准	分 值	扣 分	扣 分	扣 分
餐巾折花（盘花）	造型美观，大小一致	10			
	在盘中位置一致，左右一条线	10			
椒、盐瓶	椒、盐瓶与桌沿相距 50 厘米，左椒右盐	3			
	椒、盐瓶间距中心对准台布中凸线	2			
牙签盅、烟灰缸	牙签盅与椒、盐瓶相距 2 厘米，牙签盅中心压在台布中凸线上，烟灰缸距牙签盅 2 厘米，其中一个齿口朝牙签盅	10			
蜡烛台、花瓶	位置准确，压中线	3			
整体印象	餐具规格协调统一、整体美观，操作动作娴熟、敏捷，姿态优美	6			
合计得分		100			

【实训效果】

能均匀、迅速地摆出便于客人使用的席位；通过训练达到手脚动作的协调，提高目测能力，提高美化餐桌的能力和艺术审美能力。

模块五　斟　酒

一、准备酒水和示瓶

（一）点酒水

点酒水（包括饮料）或推荐酒水：服务员或酒水员按“酒水单”完成酒水点单或推荐酒水，以及下酒水单等工作，注意推荐酒水时的措辞、语气，要学会主动询问客人。

（二）取酒水

服务员或酒水员到吧台按客人的“酒水单”领取酒水。

如客人点的是白葡萄酒，需在冰桶内放入碎冰，将酒瓶放入冰桶，最佳温度为9℃，酒牌朝上，使客人可以看清，冰桶边架放置在主人右后边。

如客人点的是红葡萄酒，则将酒瓶放入垫有毛巾的酒篮中，最佳温度为20℃，酒牌朝上，使客人可以看清。

如客人点的是普通酒水，可用托盘进行取运，即在托盘中摆放酒水。摆放时，应根据客人座次顺序摆放，第一客人的酒水放在托盘远离身体侧，主人的酒水放在托盘里侧。

（三）备酒和示瓶

1．冰镇

（1）目的：许多酒水的最佳饮用温度要求低于室温。啤酒的最佳饮用温度为4℃～8℃，白葡萄酒的最佳饮用温度为7℃～13℃，香槟和有气葡萄酒的最佳饮用温度为4℃～8℃。

（2）冰镇的方法有冰块冰镇法、冰箱冷藏法和溜杯法三种。

2．温酒

（1）目的：使酒喝起来有更好的口感。需温酒的有中国黄酒、日本清酒以及部分鸡尾酒等。

（2）温酒的方法有水烫、烧煮、燃烧，以及将热饮注入酒液或将酒液注入热饮等。

3．示瓶

（1）目的：一是避免差错，二是表示尊敬。

（2）方法：左手托瓶底，右手扶瓶颈，商标朝向客人。

二、开瓶

常见的酒瓶封口有瓶盖和瓶塞两种，因此，开瓶也分为开启瓶盖或瓶塞两种。开启瓶盖用启盖扳手，开启瓶塞用酒钻。

（1）正确选择和使用开瓶器。如开启瓶塞，可用小刀沿酒瓶颈部划开铝箔纸，再用酒钻螺旋部转进软木塞开启。

（2）开瓶动作要轻，尽量减少瓶身晃动。一般将瓶放在桌上开启，动作要正确、敏捷、果断。开启瓶塞时，万一遇到软木塞断裂的情况，可在墙上垫上一块毛巾，把酒瓶底部往毛巾上撞击，靠瓶内压力将软木塞顶出。

（3）开启后用餐巾擦瓶口及瓶口内侧；封皮、木塞、盖子等杂物不要直接放在桌子上，可以放在小碟子里。

（4）香槟的瓶塞大部分压进了瓶口，上有一截帽形物体露出瓶外，并用铁丝绕扎固定。开瓶时，应在瓶上盖一块餐巾，双手在餐巾上操作。具体方法是：左手斜拿瓶身，大拇指紧压塞顶，用右手扭断铁丝，然后握住塞子上的帽形物，轻轻转动往上拔，靠瓶内的压力和手的力量把瓶塞拔出来。操作时，应尽量避免瓶塞拔出时发出声音，并避免晃动，以防酒液溢出。

三、斟酒

（一）斟酒姿势和动作要领

1. 斟酒姿势

斟酒前，用干净的餐巾将瓶口擦净。从冰桶里取出的酒瓶，应先用餐巾擦拭干净，然后进行包垫。一些要保持较低温度的酒，须用餐巾裹着酒瓶倒酒，以免手温使酒升温。具体方法是：用一块50厘米×50厘米的餐巾折叠成条状，将冰过的酒的酒瓶底部放在条状餐巾中间，将对等的两侧餐巾折上，手握住酒瓶的包布，注意将酒瓶上的商标全部暴露在外，以便让客人确认。斟酒时，左手持一块折成小正方形的餐巾，右手握瓶，即可进行斟酒服务。斟酒时用垫布及餐巾，都是为防止冰镇后酒瓶外产生的水滴及斟酒后瓶口的酒液洒在客人身上。使用酒篮时，酒瓶的颈背下应衬垫一块大小适宜的餐巾，防止斟酒时酒液滴漏。

2. 动作要领

侧身面对宾客，重心前移至右脚；右手持瓶靠近杯口，手臂自然弯曲；左手持餐巾背于身后；快斟好时旋转瓶口收酒，抬起小臂，动作要正确、敏捷、果断。

（二）斟酒方式

（1）托盘端托斟酒，即将客人选定的几种酒放于托盘内，左手端托，右手取送，根据客人的需要依次将所需酒品斟入酒杯中，如下图所示。这种斟酒方法可以方便客人选用不同的酒。

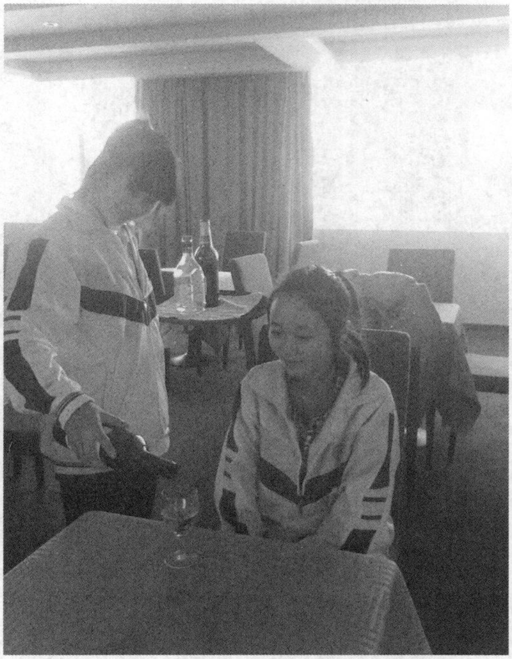

（2）徒手斟酒，即左手持餐巾背于身后，右手握酒瓶，把客人所需酒水斟入酒杯中，如下图所示。

（3）桌斟，即客人的酒杯放在餐桌上，服务员持瓶向杯中斟酒。斟一般酒时，瓶口离杯口 2 厘米左右为宜；斟汽酒或冰镇酒时，则相距 5 厘米左右为宜，并从客人右边倒。宴会斟酒时，服务员右手提酒篮且使酒瓶上的商标向着客人，左手拿餐巾，斟完一个杯子用餐巾擦拭瓶口后再斟下一个杯子，如下图所示。

（4）捧斟，即服务员右手拿酒瓶，将客人的酒杯捧在左手中进行斟倒，斟倒动作在台面以外的范围进行，斟倒完毕后酒杯放回原位以便客人饮用。这种方法适用于斟倒非冰镇的酒水，如下图所示。

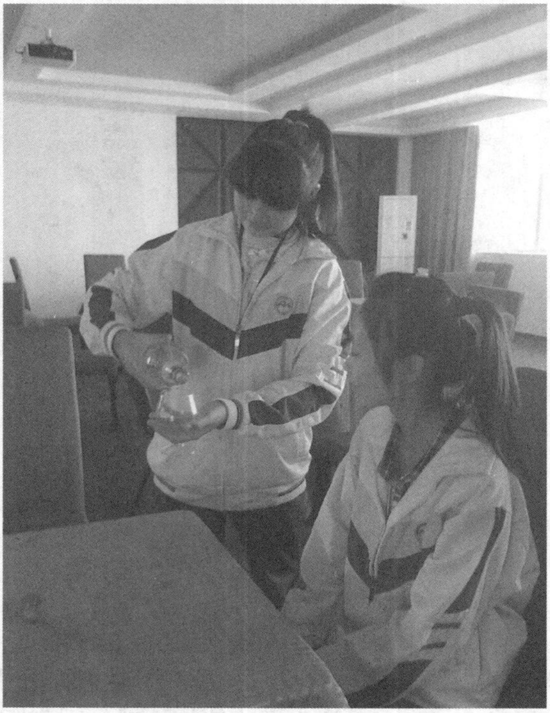

（5）散客零点餐厅等非正式场合，服务员只帮客人斟第一杯礼貌酒，之后

的就由客人自己斟，除非客人有特殊要求。

（三）斟酒量的控制

（1）红葡萄酒斟入杯中为1/3。

（2）白葡萄酒斟入杯中为2/3。

（3）白兰地斟入杯中为一个斟倒量（1/2）；

（4）香槟斟入杯中时，应先斟1/3，待酒中泡沫消失后，再往杯中续斟至七分满。

（5）冰水入杯一般为半杯水加入适量的冰块，不加冰块时应斟至水杯的3/4。

（6）啤酒分两次斟倒，酒占八分，泡沫占两分。

（7）根据客人意愿确定斟酒量。

斟酒量的控制如下图所示：

（四）斟酒的顺序

（1）中餐斟酒顺序：从主宾位开始，按顺时针方向，在宾客右边服务。大型宴会提前5分钟斟酒。斟酒顺序是按酒精度从高到低斟。

（2）西餐斟酒顺序：西餐用酒较多，较高级的宴会一般要用到7种酒。菜肴和酒水的搭配须按一定的习惯进行，先斟酒后上菜。

（3）重要或大型宴会，在宴会开始前 5 分钟，服务员要将烈性酒和葡萄酒斟好，客人入座后再斟饮料，还要注意检查服务桌上的酒水质量，如发现瓶子破裂或酒水变质，要及时更换；小型宴会上一般不事先斟酒水，待客人入座后才斟上。

（4）隆重宴会的斟酒由两名服务员同时进行，斟酒顺序为：主宾、副主宾、主人。两名服务员同时斟酒时，一名从主宾一侧开始，向右绕餐桌进行；一名从副主宾一侧开始，向左绕餐桌进行。给每位客人斟酒之前，先向客人示意。

四、斟酒注意事项

（一）注意事项

（1）斟酒时，服务员应站在客人身后右侧，左手端托盘或拿餐巾，右手持瓶，使商标朝外，所有酒水服务都应在客人右边进行，不可左右斟。

（2）斟酒应从主宾开始，按顺时针方向绕台进行，在斟酒前应示意一下，如客人不需要则应马上调换其他饮品；宾客如带女士一同进餐，应先给女士斟酒。

（3）斟酒时，瓶口不可碰酒杯，但也不宜抬得过高，避免酒液溅出杯外。

（4）瓶内酒越少，流出的速度就越快，因此要掌握好酒瓶的倾斜度。

（5）斟啤酒等发泡酒时，因泡沫较多，倒的速度应慢些或让酒沿着杯壁流下，但斟酒时不可用手拿杯。

（6）斟红酒或白酒时，用右手抓住瓶身下方，瓶口略高于杯 1～2 厘米，斟完后将瓶口提高 3 厘米并旋转 45°后提起，使最后一滴酒均匀分布于瓶口不致滴下。斟酒完毕，应用餐巾擦净瓶口溅出的酒液。

（7）斟酒时不可太满，应按标准斟酒量进行斟倒；捧斟时，手不要触摸杯口。

（8）未斟完酒的酒瓶应放在工作台上，如客人要求自己倒酒，可以根据客人指定的位置摆放。

（二）应急处理

（1）因操作不慎将杯子碰倒时，应立即向客人表示歉意，同时在酒水痕迹处铺上干净的餐巾。平时要注意多练习基本功，掌握好酒瓶的倾斜度。

（2）客人祝酒或讲话时，服务员要停止一切服务，端正肃立在适当的位置，不可交头接耳，要注意保证每位客人杯中都有酒水；讲话即将结束时，要向讲话者送上一杯酒，供祝酒之用。

（3）主人离位或离桌去祝酒时，服务员要托着酒，跟随在主人身后，以便及时给主人或其他客人续酒；在宴会进行过程中，看台服务员要随时注意每位客人的酒杯，见到杯中酒水余量很少时，应及时添酒。

技能实训　斟酒

【实训方法】

教师先讲解、示范，然后由学生分组训练，一般 4 ~ 5 人为一组进行操作，教师再进行指导。学生通过强化训练，熟练掌握该项操作技能。考评时，被考评者以抽签方式选题，其他同学当考评员。

【实训场地】

校内模拟餐厅或实训基地。

【实训内容】

（1）按要求斟倒啤酒。

（2）按要求斟倒红葡萄酒。

（3）按要求斟倒白葡萄酒。

（4）按要求斟倒香槟。

（5）杯具识别。准备各种杯具，任意拿出一种杯具，被考评者能说出这种杯具的名称（最好还能说出英文名）、容量、用途等。

【项目考核】

表 2 – 5 – 1　斟倒啤酒评分表

考评题目			考评人姓名			
被考评人						
序　号	考核内容	分　值	扣　分	扣　分	扣　分	扣　分
1	开瓶	20				
2	站位	20				
3	斟酒	20				
4	旋口	20				
5	整体效果	20				
合计得分		100				

表 2 – 5 – 2　斟倒红葡萄酒评分表

考评题目			考评人姓名			
被考评人						
序　号	考核内容	分　值	扣　分	扣　分	扣　分	扣　分
1	示酒	10				
2	陈放	10				
3	验木塞	10				
4	开瓶塞	10				

（续上表）

序　号	考核内容	分　值	扣　分	扣　分	扣　分	扣　分
5	滗酒	10				
6	斟酒	20				
7	旋瓶口	10				
8	擦瓶口	10				
9	整体效果	10				
合计得分		100				

表 2－5－3　斟倒白葡萄酒评分表

考评题目			考评人姓名			
被考评人						
序　号	考核内容	分　值	扣　分	扣　分	扣　分	扣　分
1	示酒	10				
2	开瓶塞	10				
3	净瓶口	10				
4	站位	10				
5	斟酒	20				
6	旋瓶口	20				
7	冰镇	10				
8	整体效果	10				
合计得分		100				

表 2－5－4　斟倒香槟评分表

考评题目			考评人姓名			
被考评人						
序　号	考核内容	分　值	扣　分	扣　分	扣　分	扣　分
1	示酒	10				
2	冰镇	10				
3	剥封纸	10				
4	去保险丝	10				
5	拔瓶塞	10				
6	持瓶	10				

（续上表）

序 号	考核内容	分 值	扣 分	扣 分	扣 分	扣 分
7	斟酒	20				
8	再冰镇	10				
9	整体效果	10				
合计得分		100				

表 2－5－5 杯具识别评分表

杯 名	考评标准	分 值	考评人姓名			图 示
红葡萄酒杯（red wine glass）	容量规格为 224 毫升，用于喝红葡萄酒	10				
白葡萄酒杯（white wine glass）	容量规格为 168 毫升，用于喝白葡萄酒	10				
白兰地杯（brandy snifter）	容量规格为 224～336 毫升，用于净饮白兰地	10				
古典杯（old fashioned / rock glass）	容量规格为 224～280 毫升，用于喝红葡萄酒	5				

（续上表）

杯　名		考评标准	分　值	考评人姓名			图　示
香槟杯	阔口香槟杯（champagne saucer）	容量规格为 126 毫升，用于喝香槟及某些鸡尾酒	5				
香槟杯	郁金香型香槟杯（champagne tulip）	容量规格为 224 毫升，用于喝香槟	5				
水杯（water glass）		容量规格为 280 毫升，用于喝冰水和一般汽水	5				
啤酒杯	熟啤杯（pilsner）	容量规格为 280 毫升，用于喝熟啤	5				
啤酒杯	生啤杯（beer mug）	容量规格为 336 ~ 504 毫升，用于喝生啤	5				
餐后甜酒杯（liqueur/cordial glass）		容量规格为 35 毫升，用于喝餐后甜酒、彩虹鸡尾酒等	10				

（续上表）

杯　名	考评标准	分　值	考评人姓名			图　示
威士忌酸酒杯（whisky sour glass）	容量规格为112毫升，用于喝酸威士忌鸡尾酒	10				
爱尔兰咖啡杯（Irish coffee cup）	容量规格为210毫升，用于喝爱尔兰咖啡	10				
烈酒杯（shot glass）	容量规格为56毫升，用于净饮各种烈性酒	10				
合计得分						

【实训效果】

能动作敏捷地为客人斟倒不同的酒水、饮料；通过训练提高手脚动作的协调性、准确性和高效性，提高目测能力和斟酒时身体的平衡性。

模块六　上菜与分菜

一、中餐上菜

（一）中餐上菜的顺序、规则和方式

中国的地方菜系很多，宴会的种类也很多，如燕翅席、海参席、全鸭席、全羊席、全素席、满汉全席等。宴会席面不同，地方菜系不同，菜肴的设计与安排也就不同，因此在上菜程序上也不可能完全相同。例如，全鸭席的主菜是北京烤鸭，但上菜时不能当作头菜来上，而要先上一些用鸭内脏和其他部位烹制出的特色菜肴，最后才上烤鸭，人们称之为“千呼万唤始出来”。又如上点心的时间，各地习惯不同，有的是在宴会中穿插着上，有的是在宴会即将结束时上，有的是咸甜点心一起上，也有的是分别上。这些都要根据宴席的类型、特点和需要，因人、因时、因事而定，不能完全相同，但是又要按照中餐宴会相对固定的上菜顺序来进行。

1．上菜顺序

一般中餐宴会上菜的顺序是：第一道是凉菜或冷盘（约 8 分钟后上第二道菜），第二道是开胃汤（分汤后换盘与碗等），第三道是头菜（一般为宴会的代表性菜点），第四道为主菜（较高贵的名菜），第五道是一般热菜（数量较多时，又可以细分为先爆炒菜，后烧烤菜，再素菜，最后鱼）。第六道是汤菜（正式的汤或二汤，例如婚宴中的两汤、四汤或六汤），第七道是甜菜（跟着上点心），最后在主食用毕后上水果。一般台面上的菜不要超过 6 个，除非客人要求把菜留在桌上，但是菜不能叠放。菜盘的摆放形式为：一个菜放台面的中间，两个菜相对而放，三个菜呈三角形，四个菜呈正方形，五个菜呈五角星形等。

2．几种中餐上菜顺序

（1）旧式酒席上菜顺序：水果（上第二道菜时撤）→冷盘→热炒菜→头菜→第二大菜→咸汤跟咸点心→鱼菜→甜菜→甜汤跟甜点心→炖菜→小碟饭菜→主食→水果。

（2）新式酒席上菜顺序：冷盘→头菜→烧烤菜→爆炒菜→甜菜→甜汤跟甜点心→鱼菜→素菜→炖菜跟点心→小碟饭菜→水果。

（3）北方酒席上菜顺序：冷盘→热菜→炒菜→大菜→汤菜→炒饭→主食→水果。

（4）湖南酒席上菜顺序：冷盘→海鲜→荤菜→小菜→汤菜→主食→水果。

（5）广东酒席上菜顺序：汤菜→冷盘→海鲜→荤菜→小菜→主食→水果。

（6）流行的上菜顺序：凉菜（卤水、烧腊、刺身类）→汤→燕鲍翅→海鲜→特色菜（煲仔菜、锅仔菜）→小炒→素菜→主食→甜品→水果。

3. 上菜规则

中餐宴会上菜的基本规则是：先冷后热、先菜后点、先咸后甜、先炒后烧、先荤后素；先干后汤、先菜后汤；先清淡后肥厚、先优质后当地以及遵循当地的风俗习惯。如客人对上菜有特殊要求，应灵活掌握。粤菜上菜顺序不同于其他菜系，是先汤后菜。

4. 上菜的方式

上菜的方式主要有三种：一种是大盘上桌式，将大盘的菜上桌，由宾客自取或互相敬让；另一种是大盘分菜式，服务员托着菜盘逐一往宾客的食盘中分菜；再一种称为单吃，即先在主宾席上菜，再用碗或小盖碗盛装，在每位宾客面前上一份。宴会采取何种上菜方式，是根据宴会的规格、出席的人数、主办单位的要求来确定的。不同的菜式和菜品有不同上菜的要求，应具体情况具体分析。

（二）上菜的时机和速度

1. 上菜的时机

为了保证菜点的质量（火候、色泽、温度等），使宾客吃得可口、满意，服务员要能够恰到好处地掌握上菜的时机和速度。菜上得慢了，会造成客人只能吃桌上的冷菜的情况；菜上得过快，会使宾客吃得太急。要做到恰到好处，必须了解不同餐饮方式的上菜时机。零点餐上菜，冷盘应在客人点菜10分钟之内上桌，15分钟之内上热菜；宾客较少时，一般30～45分钟上完全部菜品，也可以根据客人的要求灵活掌握。

宴会的上菜时机与零点餐又有所不同。冷盘在宴会开始前5分钟上台摆好，宾客入座开席后，当冷盘吃去1/2或1/3时，开始上第一道热菜。宴会上热菜时应注意观察宾客的进餐情况，并控制上菜的节奏；如果是婚宴则要快速地在30～45分钟上完所有的热菜。同时，还要注意宴会上是否有讲话或祝酒环节，如果有讲话，可在宴会开始前即向主办单位的工作人员了解清楚在什么时候讲、有几位主宾和主人讲话、有无讲话稿、大致需要多长时间等情况。如果宴会前尚不能确定，可在宴会开始后请主办单位的工作人员直接向主宾和主人征询意见后予以转告。有的宴会出于种种原因不能确定讲话的情况，就需要服务人员注意观察，灵活掌握。有时宴前告之席间不发表正式讲话，但在宴会进行时突然临时发表讲话，这时如果菜点正在制作，应立即通知厨师暂缓制作；如果菜点已经烹调出来，要采取临时保温措施。

2. 上菜的速度

上菜速度不宜过快或过慢，太快了服务员来不及分派，客人也来不及品味；太慢了显得台面菜点不丰盛，或出现客人空等的现象。因此，服务员应掌握好上菜的速度。一般来说，应视宾客进餐情况决定上菜速度；如无特殊情况，宴会上菜的速度应控制在 10～15 分钟上一道菜或点心。

（三）上菜时的服务位置及习惯

1. 上菜时的服务位置

餐厅服务员在为宾客上菜时，应选择正确的服务位置。零点餐上菜的服务比较灵活，服务员应注意选择比较宽敞的位置上菜，以不打扰客人为宜；切忌在老人和儿童旁边上菜。中餐宴会上菜的位置一般选在陪同和次要客人之间，或者副主人的右侧（有利于副主人向客人介绍菜肴），并始终保持在同一位置上菜。服务员上菜时须注意宴会的整体气氛和不同餐台之间的上菜位置。

分菜、盛汤等一般应在客人的右侧，一个分菜位只能为一位宾客分菜；按先宾后主、先主宾后一般宾客、先女士后男士的顺序进行，或者按照客人的示意进行，顺时针依次进行。

2. 上菜时的习惯与礼貌

（1）菜肴是孔雀、凤凰图案的拼盘时应当将其正面放在主人和主宾的面前，以方便主人与主宾欣赏。

（2）第一道热菜应放在主人和主宾的面前，没有吃完的菜则移向副主人一边，后面的菜遵循同样的原则。

（3）遵循“鸡不献头，鸭不献尾，鱼不献脊”的传统礼貌习惯，即在给客人送上鸡、鸭、鱼一类的菜时，不要将鸡头、鸭尾、鱼脊对着主宾，而应当将鸡头与鸭头朝右边放置。上整鱼时，由于鱼腹的刺较少，肉味鲜美，肉质腴嫩，所以应将鱼腹而不是鱼脊对着主宾，以表示对主宾的尊重。

（四）上菜的具体要求

（1）首先要检查菜品与点菜单上的菜品是否相符；菜品必须在烹调后第一时间上桌，以确保其新鲜度；凉菜剩 1/3 时要询问客人是否上热菜。

（2）上菜时要注意搭配，考虑颜色、荤素、器皿、凉热、味道和摆放位置的协调。

（3）准确摆放凉菜的位置，一次到位。菜盘边与转盘边重合，菜盘的中线与转盘的外切线垂直。

（4）上凉菜时，卤水、现炸、刺身应在客人到齐时再上。原因在于：放的时间长，卤水会变硬；现炸的会不脆，口感不好；刺身会不新鲜。而且要求装饰花不能对准客人。

（5）上菜前注意验菜，看菜盘是否有破损，菜盘特别是盘边是否干净卫生无异物，菜品和菜名是否相符，菜品的分量、海鲜的斤两是否正确；如果是按位菜，还应看菜品的件数与实际人数是否相符。

（6）上菜前先理出空位，做到上菜时不推盘，撤盘时不拉盘，菜盘不能超出转盘的边缘；转转盘时要稳，不能过快或过慢，不能倒转转盘，转好后将转盘稳住再后退报菜名。

（7）上煲仔菜时，必须先加热后上桌，上桌后再拿下盖；取盖时菜盖朝上，注意水不要滴落在客人身上或餐台上。上锅仔菜时，锅仔菜的特色是边加热边吃，所以上桌后点上火并报菜名，烧开后再帮忙把盖打开；打开盖子时应注意盖子朝上以避免水滴洒在餐台上或客人身上，并询问客人是否需要分菜。

（8）上带酱料以及工具的菜时：先上酱料后上菜，最后上工具。如果工具是每位一套的话，如吃鲍鱼的刀叉，则先上酱料，然后上工具，最后上菜。要向客人介绍酱料及工具的用途。

（9）上洗手盅，一般是用热茶水或菊花茶水，茶水里面放两片柠檬，柠檬去油，茶水去异味。

（10）规范地报菜名：上的每一道菜应先转至主宾位（转盘要顺时针转，有客人夹菜时应先让客人夹完菜后再转），后退一步，打手势，报菜名“这是您点的××菜，请慢用”。

（11）如果是锡纸类的菜，打开锡纸时左手拿刀，右手拿叉，动作要轻，避免锡纸黏在菜上，在锡纸的上方切出十字开口，用刀叉将四角挑开。

（12）上最后一道餐前小菜时，转盘不需要再转。如果同时上两道菜，应将名贵的菜品转至主宾位。

（13）服务中要分清主次，先上菜，再斟酒，最后收茶杯。

二、西餐上菜

西餐在菜单的安排上与中餐有很大的不同。西餐的上菜顺序基本上可以概括为：开胃菜→汤→鱼或肉→蔬菜沙拉或奶酪→甜食或水果→咖啡或茶。

（1）头盘（appetizer，法语为 hors d'oeuvres）。西餐的第一道菜是头盘，也称为开胃品。开胃品一般有冷头盘和热头盘之分，常见的品种有鱼子酱、鹅肝酱、熏鲑鱼、鸡尾杯、奶油鸡酥盒、焗蜗牛等。因为是要开胃，所以开胃菜一般都具有特色风味，味道以咸和酸为主，而且数量较少，质量较高，与开胃酒（aperitif）并用。

（2）汤（soup，法语为 potage）。西餐的汤大致可分为清汤、奶油汤、蔬菜汤和冷汤四类，品种有牛尾清汤、各式奶油汤、海鲜汤、美式蛤蜊汤、意式蔬菜汤、俄式罗宋汤、法式焗葱头汤等。

（3）副菜（seafood and shell）。鱼类菜肴一般作为西餐的第三道菜，也称副菜，品种包括各种淡、海水鱼类，贝类及软体动物类。通常，水产类菜肴与蛋类、面包类、酥盒菜均称为副菜。因为鱼类等菜肴的肉质鲜嫩，比较容易消化，所以放在肉类菜肴的前面，叫法也和肉类菜肴的“主菜”有所区别。西餐中鱼类菜肴讲究使用专用的调味汁，品种有鞑靼汁、荷兰汁、酒店汁、白奶油汁、大主教汁、美国汁和水手鱼汁等，与白葡萄酒（white wine）并用。

（4）主菜（main course）。肉、禽类菜肴是西餐的第四道菜，也称为主菜。

肉类菜肴的原料取自牛、羊、猪等牲畜的各个部位的肉，其中最有代表性的是牛肉或牛排。牛排按其部位又可分为沙朗牛排（也称西冷牛排，sirlon steak）、腓脷牛排（fillet）、“T”骨牛排、薄牛排等，常用的烹调方法有烤、煎、铁扒等。肉类菜肴配用的调味汁主要有西班牙汁、烧汁、蘑菇汁、白尼斯汁等。禽类菜肴的原料取自鸡、鸭、鹅，通常将兔肉和鹿肉等野味也归入禽类菜肴。禽类菜肴品种最多的是鸡，有山鸡、火鸡、竹丝鸡，烹煮方式有煮、炸、烤、焖，主要的调味汁有黄肉汁、咖喱汁、奶油汁等，与红葡萄酒（red wine）并用。

（5）蔬菜类菜肴（vegetable）。蔬菜类菜肴可以安排在肉类菜肴之后，也可以与肉类菜肴同时上桌，所以可以算为一道菜，或称之为一种配菜。蔬菜类菜肴在西餐中称为沙拉（salad）。与主菜同时服务的沙拉，称为生蔬菜沙拉（raw vegetable），一般用生菜、西红柿、黄瓜、芦笋等制作。沙拉的主要调味汁有醋油汁、法国汁、千岛汁、奶酪沙拉汁等。沙拉除了用蔬菜制作之外，还有一类是用鱼、肉、蛋类制作的，这类沙拉一般不加调味汁，可以作为头盘。还有一些蔬菜类菜肴是熟食的，如花菜酿西红柿（cauliflower stuffed tomato）、烩芹菜（braised celery）、炸土豆片（fried potato），熟食的蔬菜通常与主菜的肉食类菜肴一同摆放在餐盘中上桌，称之为配菜。

（6）甜品（dessert）。西餐的甜品是在主菜后食用的，可以算作第六道菜，包括所有在主菜后上的食物，如布丁、煎饼、冰淇淋、奶酪、水果等。与甜食酒（dessert wine）并用，如波特酒（porto）、雪利酒（sherry）、玛德拉酒（madeira）。

（7）咖啡和茶（coffee/demitasse and tea）。西餐的最后一道菜是饮料，可以是咖啡或茶。饮咖啡一般要加糖和淡奶油，饮茶一般要加香桃片和糖。

吃西餐时，没有必要点全套餐点，点太多吃不完反而失礼。另外，稍有水准的西餐厅都不欢迎只点前菜的客人。前菜、主菜（鱼或肉择其一）加甜点是最恰当的组合。点菜并不是由前菜开始点，而是先选一样最想吃的主菜，再配上适合主菜的汤等。

三、摆菜与分菜

（一）摆菜

上菜要注意摆放位置，指导原则是：尊重主宾，礼貌待客，讲究造型，方便食用。具体要求有以下几个方面：

（1）摆菜时要根据菜的颜色、形状、菜种、盛具、原材料等因素的不同来摆放，讲究一定的造型艺术。

（2）在中餐宴席中，一般将大菜中的头菜放在餐桌的中间位置，砂锅、炖盆之类的汤菜通常也摆放到餐桌中间位置。在散座中可以将主菜或高档菜放到餐桌中心位置。

（3）摆菜时要使菜与客人之间的距离保持适中。在散座中摆菜时，应当将菜摆放在靠近小件餐具的位置上。餐厅经营高峰时段两批客人同坐于一张餐桌上就餐时，摆菜要注意分开，不同客人的菜向各自方向靠拢，不能随意摆放，否则容易造成误解。

（4）注意菜点最适宜观赏一面位置的摆放，要将这一面摆在适当的位置。一般宴席中的头菜，其观赏面要朝向正位，其他菜的观赏面则对着其他客人。

（5）当为客人送上宴席中的头菜或一些较有风味的特色菜时，应首先考虑将这些菜放到主宾与主人的前面，然后在上下一道菜时再移放至餐桌的其他地方。

（二）分菜工具

分菜的工具有长把勺、公用筷、服务勺（分菜勺）、服务叉（分菜叉）、公用刀等，如下图所示：

分菜工具的使用方法：

（1）服务叉、服务勺的使用方法：服务员右手握叉，左手握勺，勺心向上，叉的底部向勺心；在夹菜肴和点心时，主要依靠手指来控制；分带汁菜肴时用服务勺盛汁。

（2）公用勺和公用筷的用法：服务员站在与主人成90°角的位置上，右手握公用筷，左手持公用勺，相互配合将菜肴分到宾客的餐碟之中。

（3）长把勺的用法：分汤菜或汤中带菜的菜肴时需用公用筷配合操作。

（三）分菜

分菜就是在客人观赏过菜品后由服务人员主动均匀地为客人分菜分汤的行为，也叫派菜或让菜。中餐宴会分菜分为一人操作席上分菜、两人配合操作席上分菜、转盘式分菜、旁桌式分菜、餐桌式分菜、各客式分菜六种。

（1）一人操作席上分菜。一个人操作时先收掉桌上脏的餐碟，菜上桌后介绍菜名，然后将干净的餐碟围转盘摆放。分菜时，左手拿汤勺，右手拿服务匙或服务叉，将菜均匀地分到各个餐碟中，要求动作熟练、迅速、准确、留有余地；最后按顺时针方向依次将餐碟送回宾客面前或以手势请客人各自享用，如下图所示：

（2）两人配合操作席上分菜。这是由两人合作将菜品派送至客人盘中的分菜方式。其中一名服务员站在上菜位置介绍菜肴后，将菜品摆放到自己面前，右手持公筷，由另一位服务员将每位宾客的餐碟移到分菜服务员的近处或转台上，由分菜服务员进行分菜，然后另一位服务员再将分派好的菜品从客人左侧依次为客人送上，如下图所示：

（3）转盘式分菜是提前将与宾客人数相等的餐碟有序地摆放在转台上，并将分菜用具放在相应位置；用长把勺、公用筷或服务叉分菜，全部分完后，将分菜用具放在空盘里；撤前一道菜的餐碟后，从转盘上取菜端给宾客并将空盘和分菜用具一同撤下。这种方法多用于分让冷菜，如下图所示：

（4）旁桌式分菜是在工作台上摆好相应的餐具，将菜或汤用分菜用具（叉、勺等）进行均匀分派；菜分好后，将菜品放到托盘上，从主宾右侧开始按顺时针方向将餐碟送上，并说“您请用”之类的礼貌用语，注意要将菜的剩余部分换小盘后再上桌。这种方式多用于分让整形菜品，如下图所示：

（5）餐桌式分菜也叫分叉分勺派菜法，即服务员左手托菜盘（菜盘下垫餐巾），右手拿分菜用的叉勺，从主宾左侧开始，按顺时针方向绕台进行分派，动作姿势为左腿在前，上身微前倾。分菜时做到一勺准，不允许将一勺菜或汤分给两位客人，分派数量要均匀，可将菜剩余 1/5 再装小盘然后放桌上，以示富余。这种方式多用于分让热炒菜和点心，如下图所示：

（6）各客式分菜是由厨房工作人员在厨房分让菜肴，服务员以托盘端托的方式服务宾客，这种方法适用于汤类、羹类、炖品类或高档宴会，如下图所示：

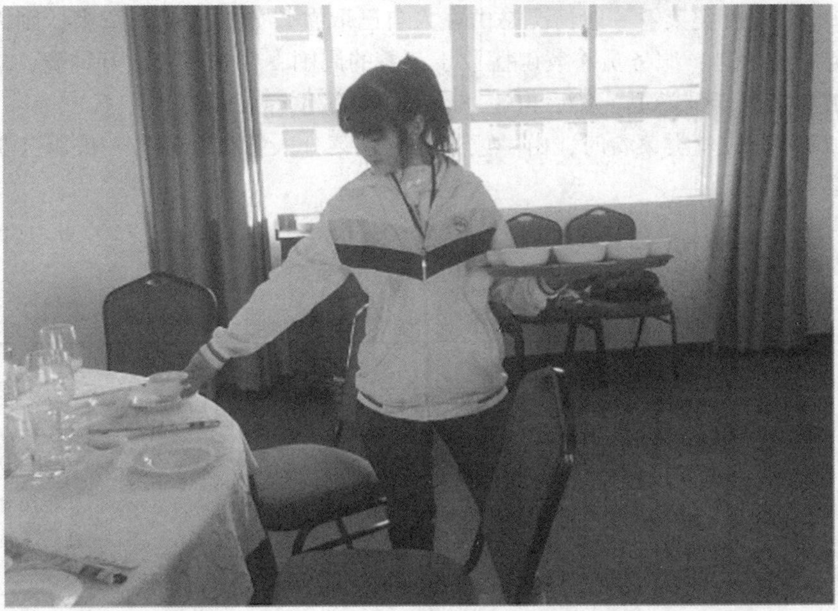

（四）分菜的基本要求

（1）将菜点向客人展示，介绍名称和特色后方可分让。在大型宴会中，每一桌服务人员的派菜方法应一致。

（2）分菜时留意菜的质量和菜内有无异物，及时将不符合标准的菜送回厨房更换。客人若表示不要此菜，不能勉强。此外，应将有骨头的菜肴，如鱼、鸡等的大骨头剔除。

（3）分菜时要胆大心细，掌握好菜的分数与总量，做到分派均匀。

（4）凡配有佐料的菜，在分派时要先蘸（夹）上佐料再分到餐碟里。

（5）进行单手叉勺分菜服务时，食指插在叉把和勺把之间，与拇指配合捏住叉把，其余三指控制勺把，无名指压住勺把，中指控制勺把，小指在下面支撑。

（6）客人只顾谈话而忽略了菜肴时，服务员应抓住客人谈话中出现的短暂停顿间隙向客人介绍菜肴，并以最快的速度将菜肴分给客人。

（7）主要客人带儿童赴宴时，分菜先分给儿童，然后按常规顺序分菜。

（8）对老年人多的宴会，采取快分慢撤的方法进行服务。分菜步骤可分为两步，即先少分再添分。

（9）分汤类菜肴时，先将盛器内的汤分进客人的汤碗内，然后再将汤中的原料均匀地分入客人的汤碗中。

（10）分造型菜肴时，应将其均匀地分给每位客人。如果造型较大，可先分一半，处理完上半部分造型物后再分其余的一半；也可将可食用的造型物均匀地分给客人，不可食用的，分完菜后撤下。

（11）卷食类菜肴一般情况是由客人自己取拿，如老人或儿童多，则需要分菜服务。方法是：服务员将餐碟摆放于菜肴的周围，在餐碟上放好铺卷，然后逐一将被卷物放于铺卷上，然后再逐一卷上送到每位客人面前。

（12）分拔丝类菜肴时，由一位服务员取菜分入餐盘中，另一位服务员快速递给客人。

视野链接

表 2-6-1　中餐常见的上菜、分菜服务项目工作规程表

项　目	操作规程	操作步骤	备　注
一般菜肴服务	接受菜肴和上菜	从传菜员托盘中取菜肴，配上相应的服务用具； 调整好台面位置，先上调料，再展示菜肴，报菜名及简单介绍制作方法； 遇有宾客要求，按要求上菜	冷菜在点单结束10分钟内上，热菜15分钟内上
	菜肴服务	如餐厅实行分菜制，则按要求分派菜肴； 如有刺身类菜肴则其先上，然后再上热菜； 上汤菜和点心要分派	
小毛巾服务	计算和准备小毛巾	按“小毛巾数量＝宾客人数×4×1.2”的公式计算好小毛巾的数量并备足	
	递送小毛巾服务	用毛巾夹把小毛巾从保温箱内取出，放在毛巾篮里，再从宾客的左侧送到宾客的毛巾碟里； 客人入席后送一次小毛巾，当宾客需用毛巾协助食用菜肴时送第二次，当宾客用完海鲜时送第三次，当宾客用完甜食后送最后一次； 每次送小毛巾前必须将原来用过的小毛巾撤下，换一把新的毛巾夹递送干净的小毛巾	宴席整个过程一般提供4次小毛巾服务
餐前小菜服务	准备	6位宾客以下的准备2款2碟，7位以上的准备2款4碟	按宾客要求添加
	上餐前小菜	服务员用托盘从宾客的右侧将小碟摆上桌面； 按小碟的不同款式错开摆放，并礼貌地请客人慢用	

（续上表）

项　目	操作规程	操作步骤	备　注
带骨、壳和块状的菜肴服务	准　备	上菜前备好刀、叉、洗手盅、小毛巾等	
	上菜服务	将刀、叉整齐地放在铺了餐巾的托盘上，逐位摆在餐碟位的两侧，左叉右刀； 在每个餐位右上方摆放柠檬水洗手盅，并礼貌地向宾客说明用途； 上菜报菜名，展示菜肴； 递送小毛巾并敬送茶水； 宾客用毕菜肴后，将洗手盅、刀叉、茶具和小毛巾撤下	宾客用手食用虾、蟹或鸡翅等带骨、壳的菜肴时，柠檬水可去除宾客手上的腥味
甜食和水果服务	清理台面	当宾客用完所有的菜肴后，服务员应主动询问宾客是否可上甜食，如同意应立即清理台面	
	上餐具和甜食	根据宾客所点的甜食摆配相应的餐具，如甜食叉或水果刀； 用托盘将甜食或水果从宾客右侧送上，礼貌地请宾客慢用	如宾客点的是大水果拼盘，则按中餐派菜服务

表 2－6－2　上整鱼服务操作规程表

项　目	操作规程	操作步骤	图　示	备　注
上整鱼服务	剔鱼脊骨	上鱼，向宾客展示并报菜名，然后撤回服务台		操作时应注意，叉不能叉进鱼肉中
		用刀、叉将配料拨到两边		
		左手持叉，右手持刀，用叉轻按鱼背，用刀一刀将鱼头下端的脊骨切断，在鱼尾也一刀将脊骨切断		

（续上表）

项　目	操作规程	操作步骤	图　示	备　注
上整鱼服务	剔鱼脊骨	从鱼头刀口处沿鱼腹中线将鱼肉切开至鱼尾刀口处		
		用刀和叉一起将鱼肉两边剔开，让整条脊骨刺露出来		
		将整条脊骨刺剔出，放在一旁的餐碟上		
		用刀叉将鱼肉合上		
		整理成原形，拨回配料		
	上鱼服务	服务员从宾客右侧上菜，并示意宾客慢用		

表2-6-3　西餐常见的上菜、分菜服务项目工作规程表

项　目	操作规程	操作步骤	备　注
检查菜单和酒水单	检查菜单和酒水单	开餐前检查菜单、酒水单有无污迹、破损； 内容和价格是否正确、一致； 备好餐台数1/3的菜单和酒水单	
	日常维护和更换	发现菜单有误，通知当班主管及时处理； 根据酒库的库存情况随时更换酒单	及时熟悉新菜单与酒水单的内容
备茶	准备	备好各种茶（英国茶、中国花茶及绿茶、薄荷茶、各式香草茶）； 检查茶包是否破裂以及散茶是否新鲜等	
	存放	各式茶叶分别装在不同的容器内，并放于洁净、干燥的边柜内	注意防止串味
备冰桶	清洗和准备冰桶	拿湿布和指定的清洁剂清洗； 镀金、镀银的冰桶要定期用金银器打磨剂来打磨，除去污点； 用冰铲将冰桶的1/2至2/3的部分装满冰； 装入水至冰桶的1/2； 叠8厘米宽的餐巾条横搭于冰桶上； 把冰桶整齐地摆放于服务区	最好使用碎冰，可使葡萄酒和香槟瓶子更容易装入冰桶中
	整理冰桶	每天工作结束后，将冰桶及用具擦拭干净并存放	
备甜酒	准备制作用具	在服务车第一层铺干净的台布，第二层铺餐巾； 清洁小酒精炉、玻璃杯、面包盘、咖啡勺等，并备好白糖、黄糖及奶油	
	布置制作车	用面包盘盛装小酒精炉、玻璃杯、糖罐、奶油盅，放在车的第一层	
摆放沙拉	准备沙拉台	根据场地使用不同形状的台面； 铺好台布，将干净的沙拉盘摆放在台面上	布置台面时要有层次感
	摆放沙拉	开餐前15分钟从厨房取回各种沙拉和调味汁； 按颜色和式样进行搭配，将沙拉和调味汁摆放到台面上并配置好服务用的叉、刀、勺	

（续上表）

项　目	操作规程	操作步骤	备　注
冰水服务	清洁用具和准备冰水	清洁好服务用的冰扎、冰桶、冰夹； 在托盘上垫放干净的餐巾	
	冰水服务	开餐前15分钟准备好冰块和冰水，放在服务边柜上； 将冰桶置于托盘内左侧，冰夹卡在冰桶边缘近服务员一侧，冰扎置于托盘内右侧，握柄朝向服务员一侧； 斟倒冰水时，斟倒至杯子的3/4为宜	随时添加冰水
开胃酒服务	准备	根据宾客的点单准备吸管和搅拌棒； 将酒杯放于托盘右侧，玻璃扎壶放于托盘左侧	
	开胃酒服务	用右手在宾客右侧服务； 倒配酒时征询宾客需要量； 倒完酒后需用搅拌棒为宾客调和均匀，然后把配酒和搅拌棒放在一旁，示意宾客开胃酒已调好； 再次续酒时，需准备新的酒杯和配酒	
面包服务	准备面包车和面包	服务车用台布铺好，为面包篮垫入干净的餐巾； 备好一块切板、一把大面包刀、一套服务叉勺和一块折叠成三角形的餐巾； 领取三种以上直接服务和切开服务的面包	
	面包服务	从宾客右侧按顺时针方向逐个询问宾客选用何种面包； 用服务叉和服务勺轻轻夹起直接服务的面包放入宾客的面包碟内，并示意宾客享用； 需切割的面包先用餐巾包住，置于切板上，先切去头部，再切成1.5厘米左右的片，每次服务不超过2片； 法式面包按45°方向切成菱形，每块边长4厘米左右； 用服务叉和服务勺递面包，并注意及时添加面包； 工作结束时，把未切分的面包及时送还面点厨房	服务时按女士优先的原则

（续上表）

项　目	操作规程	操作步骤	备　注
黄油服务	准备黄油碟和黄油	按宾客人数备足干净的黄油碟； 开餐前从厨房取回黄油球，并确保其冷冻过； 备好一套服务叉勺	黄油必须冷冻
	黄油服务	用托盘在宾客右侧服务； 黄油碟放在面包刀正前方，刀尖离碟边1.5厘米； 每碟放两个黄油球，添加黄油时应换干净的碟	在宾客用完主菜后，面包和黄油一起撤下
	黄油送还和保存	用餐完毕，把未使用的黄油球还至厨房并保存于冰箱	
咖啡、茶、奶服务	清洁咖啡壶	用柠檬汁、冰和盐放入咖啡壶中搅拌几分钟去除咖啡垢； 用上光剂擦拭银质的咖啡壶，再用水冲洗干净	把冰加入咖啡壶前应确保壶不太热，否则壶易爆裂
	准备	备好咖啡杯、茶具、糖罐、奶盅、咖啡机、咖啡勺、甜品盘和叉等； 备好各种茶、小甜点等	
	咖啡、茶、奶服务	在宾客右侧服务，咖啡、茶倒入杯中3/4处； 用左手端盘在宾客右边询问糖、奶的用量； 给宾客加糖、奶，然后将糖、奶放于台面便于宾客取用； 将小甜点放于铺有花纸的甜食盘上，从宾客右侧上甜点盘，并放于糖罐旁边	
热茶服务	准备	在茶壶里添加热水进行预热； 用托盘准备好奶油、糖、茶包、柠檬片	泡茶一般用两个茶壶
	热茶服务	将餐巾和杯放在桌上，杯子的手把朝向宾客右手边； 将茶壶和垫布放在茶杯的右边； 将奶油、糖、茶包和柠檬片摆放在桌上客人易取的位置； 及时在茶壶里添加开水	宽底的陶瓷壶可不用垫布

（续上表）

项　目	操作规程	操作步骤	备　注
冰茶服务	准备	备好干净的长饮杯； 把6袋英国茶放入玻璃扎壶中，用沸水沏茶，然后置于常温下冷却，并用保鲜膜封好； 备好柠檬片、车厘子、糖、吸管及搅拌棒	夏季冰茶很受欢迎，可多备些
	制作冰茶	往长饮杯中放入冰，再将茶倒至4/5满； 放入三片圆柠檬片，吸管插入红色车厘子后再插入杯中	
	冰茶服务	用托盘在宾客右侧服务； 先在桌上放一干净的杯垫，再把冰茶放在杯垫上	如宾客座位右侧靠墙则可在其左侧服务
红葡萄酒服务	酒的开启	为宾客推荐红葡萄酒，用酒篮取酒，标签朝外； 把酒从酒篮取出展示给宾客，待宾客确认后再放回酒篮； 用小刀取下瓶口的铅封或金属铝箔封放入自己的口袋，再用餐巾擦拭瓶口； 用酒钻钻入瓶塞内将其轻轻拔出，将拔出的瓶塞放入调味碟中，放在主人的右侧，示意客人确认酒质	红酒一般配红肉或酱油做的肉类
	品酒服务	征询宾客是否要醒酒，如宾客说要就先不斟； 把已开瓶的酒向点酒的宾客酒杯倒入1/5，帮助晃动酒杯以使之与空气充分接触； 征求宾客同意后开始斟酒	醒酒就是让酒与空气充分接触，释放出酒香味
	斟酒服务	服务员右手拿酒篮，从宾客右侧按顺时针方向斟酒； 酒斟至杯的1/2处，斟完后酒瓶连同酒篮一起放于旁桌，酒瓶内剩下只有一杯的酒量时询问是否再要一瓶	

（续上表）

项　目	操作规程	操作步骤	备　注
白葡萄酒或玫瑰酒服务	酒的开启	备好冰桶，从酒吧取酒置于冰桶中冰冻； 把酒从冰桶中取出展示给宾客，待宾客确认后再放回冰桶； 用小刀取下瓶口的铅封或金属铝箔封，再用餐巾擦拭瓶口； 用酒钻钻入瓶塞内将其轻轻拔出，将拔出的瓶塞放入调味碟中，放在主人的右侧，示意客人确认酒质	
	品酒服务	把开瓶的酒从冰桶内抽出，用餐巾擦拭瓶外侧，然后用餐巾包住酒瓶，商标外露让宾客看见； 把已开瓶的酒向点酒的宾客酒杯倒入 1/5，帮助晃动酒杯以使之与空气充分接触； 征求宾客同意后开始斟酒	用餐巾包住酒瓶以免斟酒时手温使酒液升温
	斟酒服务	服务员右手拿酒篮从宾客右侧按顺时针方向斟酒； 酒斟至杯的 1/2 处，斟完后酒瓶连同酒篮一起放于旁桌，酒瓶内剩下只有一杯的酒量时询问是否再要一瓶	
香槟服务	酒的开启	备好冰桶，从酒吧取酒置于冰桶中冰冻； 把酒从冰桶中取出展示给宾客，待宾客确认后再放回冰桶； 用小刀取下瓶口的锡纸，左手握瓶颈，拇指压住瓶塞，右手将扎瓶塞的铁丝拧开并取下； 用干净的餐巾包住瓶塞顶部，左手握住瓶颈，右手握住瓶塞，双手同时反方向转动并慢慢提瓶塞，直至瓶内气体将塞完全顶出	
	品酒服务	把开瓶的酒从冰桶内抽出，用餐巾擦拭瓶外侧，然后用餐巾包住酒瓶，商标外露让宾客看见； 把已开瓶的酒向点酒的宾客酒杯倒入 1/5，由其品尝； 征求宾客同意后可开始斟酒	

（续上表）

项　目	操作规程	操作步骤	备　注
香槟服务	斟酒服务	服务员右手拿酒篮，从宾客右侧按顺时针方向斟酒； 酒斟至杯的 1/2 处，斟完后酒瓶连同酒篮一起放于旁桌，酒瓶内剩下只有一杯的酒量时询问是否再要一瓶	
啤酒服务	推销及建议	掌握各种啤酒知识，介绍本餐厅提供的各种啤酒，为宾客下单	
	啤酒服务	用托盘为宾客取酒和冰冻酒杯，在宾客右侧服务，啤酒倒八分满两分泡沫； 如瓶中啤酒未倒完，应把酒瓶商标朝向宾客，摆在酒杯右前方； 杯中剩 1/2 时及时续斟，瓶中剩 1/3 时主动询问是否再要一瓶	在 5 分钟之内完成为客取酒服务
主食服务	上菜	从宾客右侧按顺时针方向服务，女士优先，先宾后主； 报菜名，礼貌地提醒宾客注意事项，并祝宾客胃口好	
	调味汁和配料服务	在宾客右侧服务，先报菜名再询问宾客调料放于盘中哪个位置； 服务员左手拿盘，右手拿勺进行服务	注意避免调味汁和配料洒落
	鲜胡椒服务	在宾客右侧服务，先询问宾客所需用量； 服务员左手握胡椒磨，右手转动磨的顶部使胡椒落入盘中； 轻调胡椒磨顶部停止服务，并祝宾客胃口好	
分切肉扒	准备	备好切板、切肉刀、服务叉、服务勺、服务车和足够的餐盘； 从厨房取出烹制好的牛扒、羊扒和配菜	
	现场分切	由一名服务员将配菜用服务叉和服务勺装于餐盘盘头一侧； 另一名服务员把肉取出放到切板上，左手用叉轻轻压住肉，右手用刀将肉均匀切分； 把肉三片为一份整齐地摆放于餐盘内，盖上盖子，端至宾客台面，然后立即制作调味汁、配料和鲜胡椒	分切时动作要轻，以免血水流出影响肉质

（续上表）

项　目	操作规程	操作步骤	备　注
奶酪服务	准备	开餐前检查冷菜，看是否备好奶酪装饰盘； 备好餐盘、刀叉、饼干和面包； 备好面包盘、黄油碟、盐瓶等	时常了解奶酪库存情况
	奶酪服务	向宾客展示奶酪盘以供挑选； 用刀将奶酪切成三角形，每盘 3～4 块奶酪，配上水果、蔬菜和饼干； 在宾客右侧服务，及时询问宾客是否要法式面包或红葡萄酒佐餐，并祝宾客胃口好	
甜食车服务	甜食车准备	清洁、检查甜食车，并在每层铺垫干净的餐巾； 甜食下层摆放叉、勺、盘等； 开餐前 15 分钟从厨房取出各种甜食和配料	甜品摆放在醒目的位置，吸引宾客，使之产生食欲
	甜食车服务	把车推至宾客桌旁，展示甜食，主动介绍； 小心切取甜食，装放甜食盘； 在宾客右侧上盘，糕点尖部朝向宾客	

技能实训　上菜与分菜

【实训方法】

10～11 人为一组，共坐一标准宴席，其中一人扮演服务员，练习上菜和分菜服务，其他同学扮演顾客；必要时可用各种糖果代替真实菜肴进行练习，做对的学生能吃到糖果，寓教于乐。

【实训场地】

校内模拟餐厅或实训基地。

【实训内容】

（1）中餐上菜服务。

（2）中餐分菜服务。

（3）特殊菜肴（鱼类）分菜服务。

【项目考核】

表 2－6－4　中餐上菜服务评分表

考评题目			考评人姓名		
被考评人					
序　号	考核内容	分　值	扣　分	扣　分	扣　分
1	依据上菜顺序上菜	20			
2	从上菜位将菜肴送上餐桌	10			
3	菜肴的摆放位置、搭配和间距均匀合理	20			
4	展示菜肴，报菜名，介绍菜肴；语言表达准确，语速适中，语态自然、大方	20			
5	上齐后要告知客人并询问是否还需要加菜或其他帮助	10			
6	整个操作程序无遗漏	20			
	合计得分	100			

表 2－6－5　中餐分菜服务评分表

考评题目			考评人姓名		
被考评人					
序　号	考核内容	分　值	扣　分	扣　分	扣　分
1	分菜工具使用准确、得当	20			
2	分派菜肴、点心，不滴不洒，一次到位，分派均匀	30			
3	按分派顺序分派菜肴	20			
4	在规定时间（4 分钟）内完成一道菜肴的分派任务	20			
5	整体效果	10			
	合计得分	100			

表 2－6－6　中餐分鱼服务评分表

考评题目			考评人姓名		
被考评人					
序　号	考核内容	分　值	扣　分	扣　分	扣　分
1	分鱼服务程序无遗漏	20			
2	剔鱼骨动作准确，一次到位	30			
3	鱼肉无破碎，较好地保持原状	20			
4	分派分量均匀	10			
5	在规定时间（4 分钟）内完成	10			
6	整体效果	10			
	合计得分	100			

【实训效果】

熟练掌握用服务叉、服务勺分菜的方法，并能迅速、均匀地将菜肴分配给客人；通过训练提高手脚动作的协调性、准确性和高效性；通过训练提高上菜时身体的平衡能力；游戏式的教与学，使学生学会自觉遵守行业纪律和规则。

模块七　撤换餐具

撤换餐具是客人就餐间隙一道必不可少的工序，餐具的撤换时机、次数、方式是餐厅服务员必须掌握的技能。

一、撤换餐具的基本要求

（1）无论宾客的餐盘中有没有骨头和剩菜，撤换前服务员都应征得宾客的同意。撤带酱料的菜时，要先撤空盘，然后撤酱料。在宾客用餐过程中，带酱料及工具的菜品，酱料、工具与菜品必须始终在一起，不能为了美观而分开。

（2）收撤餐具是为下一道菜点做准备，叠碗时大碗在下、小碗在上。

（3）通常，当烟灰缸内有两个烟头或有纸团、杂物时，应立即更换。更换烟灰缸时，注意先用干净的烟灰缸盖在用过的烟灰缸上，然后一并取下，再重新放上一个干净的烟灰缸。

（4）在宾客用餐过程中，餐台要始终保持干净，桌面要保持整洁。收撤餐具要轻拿轻放，不能损坏餐具，尽量不要发出声响。

（5）根据用餐情况，巡台时要主动帮宾客更换毛巾。给宾客上毛巾的时候，统一将毛巾叠的多边朝向宾客，保持整齐美观。

（6）撤换餐具要注意礼貌，不准拖拖拉拉，不要把汤汁洒在宾客身上。

（7）宾客用餐完毕，征得宾客同意后，尽快撤去餐台上不需要的餐具。除了茶具、烟灰缸、有饮料的杯子、装饰碟外，其他餐具应全部撤掉。撤餐具时，应从宾客的右边收撤，先收银器、筷子，后收碗、匙、调味碟。客人吃完水果后还未离开，要将装饰碟撤去。

二、撤换餐具的时机

（1）用过一种酒水，又要用另一种酒水时，为了不影响品酒效果，需撤换酒杯等餐具。

（2）装过有强烈异味菜品的餐具在上其他菜品前要撤换。

（3）客人用过风味特殊和调味特别的菜肴之后，要撤换餐具。

（4）客人用过带芡汁的、味道浓厚的菜肴之后，为防止串味要撤换餐具。

（5）在上甜菜和甜汤之前，要换上专门用于享用甜菜、甜汤的餐具。

（6）勤巡视，发现有餐具脏时，及时为客人撤换。

（7）当餐盘内骨、刺、残渣较多且影响美观时，应及时为客人撤换。

三、撤换餐具的位置和方法

（一）中餐撤换餐具

1. 换餐碟、汤碗的方法

在为客人撤换餐碟、汤碗时，服务员要把干净的餐具放在托盘一侧，左手端托盘，右手为客人撤换餐具。从主宾位开始，先把用过的餐具撤下放在托盘的另一侧，然后为客人摆放上干净的餐具，以顺时针方向依次进行。撤换时应注意，用过的餐具和干净的餐具要严格分开，防止交叉污染。如遇到前一道菜还未吃完而新菜又上来的情况，可以在客人面前先放上一套干净餐具，等客人吃完后再撤下前一道菜的餐具。

2. 撤菜盘的方法

中餐宴会中一定要保持餐桌清洁。客人就餐时，服务员要注意观察台面，每当客人用完一道菜后，服务员就应将空盘撤下。

（1）高档宴会，一般上新菜时就要撤旧菜，桌面上不超过两道菜。

（2）一般宴会，桌面上不超过五道菜，否则影响桌面的整洁、美观，一般在服务员分好菜，客人品尝完毕，下道菜上桌时，就把前一道菜撤下。

（3）撤菜盘前应征求客人意见，得到客人的肯定答复后才能撤下。撤菜盘时要使用托盘时行服务。服务员站在上菜位置，左手端托盘，右手撤菜盘，切不能将托盘放在餐台上收餐具。收餐具时动作要轻、平稳，防止餐具碰撞发出响声，还要防止菜汁滴在客人身上。

（二）西餐撤换餐具

（1）西餐每吃一道菜即要换一副刀叉，到用餐或宴会快结束时，餐台上无多余物品，待客人用甜点时，服务员即可将胡椒瓶、盐罐、调味架一并收拾撤下。

（2）撤盘前要注意观察客人的刀叉摆法，当客人将刀、叉合并直放在盘上时，就表示不再吃了，在同桌的大多数客人都这样表示后，即可开始撤餐具了。如果刀叉搭放在餐盘两侧，说明客人还要继续食用或边食用边说话，这时不可贸然撤去。

（3）撤换餐具时，应首先向客人礼貌地示意，然后站在客人的右侧，左手端托盘，右手操作；先撤下刀叉，然后撤餐具，餐刀、餐叉要分开放入托盘内，并以顺时针方向依次进行。

（4）如客人将汤匙底部朝上，或将匙把正对自己心窝处，服务员应马上询问客人意见，了解情况后再做处理；客人若将汤匙放在汤盘或垫盘上，通常表示还未吃完，此时不宜撤盘。

（5）如客人未离开餐桌，则桌上的酒杯、水杯不能撤去，但饮料杯可在询问客人意见后撤去。西餐常规摆台，通常摆红酒杯和白酒杯，客人开始用餐后，应根据其所要的酒水，为客人换酒具。更换酒具时，准备好相应数量的干净酒杯，将酒杯的杯口向上，整齐地码放在铺有洁净餐巾的托盘上，从客人的右侧按顺时针方向进行更换，要遵照女士优先的原则，将酒具放在正确的位置上，操作时不允许酒具之间相互碰撞。

技能实训　撤换餐具

【实训方法】

采用情境教学法，以4人为一组，预先准备好各种上菜前需撤换的菜肴道具，由一名学生扮传菜员随机上菜，被测试的同学根据传菜员接下来准备要上的菜进行合理操作，老师和其他两名同学打分，四人轮换扮演角色。通过强化训练，学生可以熟练掌握该项操作技能。

【实训场地】

校内模拟餐厅或实训基地。

【实训内容】

(1) 零点餐撤换餐具。

(2) 宴会撤换餐具。

(3) 特殊餐具、用具的撤换，如撤换烟灰缸。

【项目考核】

表 2-7-1　宴会服务撤换餐具评分表

考评题目			考评人姓名		
被考评人					
序　号	考核内容	分　值	扣　分	扣　分	扣　分
1	食用过冷菜换吃热菜时	10			
2	食用过有鱼腥味、带骨、带壳的食物后	10			
3	在食用其他类型菜肴之前	10			
4	食用甜菜、甜点、甜汤之前	20			
5	食用过特殊风味、调味特别的菜肴后	10			
6	食用过芡汁各异、味道有别的菜肴后	10			
7	餐具中洒落酒、水和其他饮料时	10			
8	餐具中骨、刺、残渣较多时	10			
9	就餐过程中餐具落地时	10			
合计得分		100			

【实训效果】

使用托盘撤换餐碟时能保持身体的平衡，并能动作敏捷、轻快、合理地为客人撤换餐具；通过训练提高手脚动作的协调性、准确性和高效性，做到“眼勤手快”，并增强服务意识。

模块八　编制菜单

一、菜单的定义和类型

（一）菜单的定义

菜单（menu），是餐饮企业为客人提供的，对菜肴的种类、价格和特色进行说明的清单，是客人与餐厅之间沟通的桥梁，也是餐饮企业的服务说明书，对于餐饮企业的产品推销和形象宣传都有至关重要的作用。

（二）菜单的类型

根据餐饮接待形式的不同，菜单可分为固定菜单和特定菜单两种。

1. 固定菜单

固定菜单是最常见且使用最广泛的一种菜单形式。常见的固定菜单有零点菜单、套餐菜单及混合式菜单。其特点是，菜单上的每一道菜品都注明价格，而且菜品相对比较固定，客人可以从中自由选择喜欢的菜肴搭配组合。固定菜单能迎合不同层次顾客的不同需求，方便快捷。

2. 特定菜单

特定菜单是为旅游团队、各类会议及各种主题宴会等专门设计的菜单。此类菜单根据团体客人的需求以及总体报价情况将各类菜品和主食进行搭配，以满足团体客人的就餐需要。特别值得一提的是，宴会菜单可以作为纪念品让参加宴会的客人带走，这不仅可以弘扬餐饮企业的企业文化，还可以使餐饮也具有纪念意义。

二、菜单的编制技巧

（一）掌握菜点酒水知识及本餐厅提供的菜点情况

1. 中国菜肴的特点

中国菜肴风格多样，品种繁多；烹调方法多种多样，主要有热烹、冷制、甜调三大法；选料讲究，刀工精细，有“食不厌精，脍不厌细”之说；配料丰富，还能巧妙地使用不同的调味方法，有的在菜肴加热前调味，有的在加热中调味，有的在加热后调味，从而使每种菜品均有特殊的风味。中国菜肴由少数民族菜、宫廷菜、官府菜、素菜及地方菜组成，地方菜按不同的划分方法又可分为四大菜系、八大菜系、十大菜系、十二大菜系。

2. 西餐菜肴的主要特点

西餐菜肴选料精细，在质量和规格上要求严格，多用幼畜、名鱼、佳蔬及美果；调料考究、品种多样，注重营养搭配，特别是富含人体所需的蛋白质、脂肪、碳水化合物、维生素等营养成分。其中尤以沙司的调制工艺最为复杂，是完全依靠原料本身与其他调料的恰当配合，精心调制而成的。西餐菜肴主要由冷菜类、汤类、炸制菜类及其他构成。

3. 韶关地区菜肴的特点

粤北地区以山珍野味著称，如各种菇类、笋类。韶关处于交通枢纽，汇集各地方饮食特色，形成了韶关地区的特色。韶关的地方特色菜肴有：大塘扣肉、龙归冷水猪肚、砂锅水库鱼头、脆皮猪手、姜葱炒大布腐竹、三杯水律蛇、清蒸野生黄角鱼等。

（二）合理分配宴席的成本

1. 遵循“质价相称，按质论价”的原则

为防止宴席因成本分配不合理而出现“头重脚轻，喧宾夺主”等比例失调的情况，在选配宴席菜点前，可先按照宴席的格局合理分配冷菜、热菜、饭点茶果这三组食品的成本，通常情况下，这三组食品的成本分别为10%～20%、60%～80%、10%～20%。

2. 每组食品的成本再分配到具体的菜品

在每组食品中，可根据宴会的要求确定所用菜品数量，然后再将该组食品的成本分配到具体的菜品中去；每个品种有了大致的成本或价格后，就便于决定用什么质量的菜品及其配料了。尽管每组食品中各道菜品的成本不可能平均分配，有些甚至悬殊较大，但大多数菜点是以此作为参照依据的。总之，宴席的成本分配是为接下来选择菜点做准备的，它可以限定菜点的选择范围。

（三）巧妙安排宾客择定必用的菜点

明确了整桌宴席所用菜点的种类、各类菜品的数量、各类菜品的大致规格后，接下来就要确定必用菜点了。必用菜点的选择应以席单的编制原则为前提，还要分清主次详略，讲究轻重缓急。一般来说，首先考虑宾主的要求，凡答应安排的菜点都要安排进去；其次要考虑当地的民俗，当地同类酒席习用菜点要尽量安排上，以显示地方风情；其三要发挥主厨特长，推出拿手菜点或亮出本店的名菜、名点、名小吃；其四要考虑最能显现宴会主题的菜点，以展示宴会的主题和特点；其五要考虑时令原料，安排刚上市的土特产作为原料，突出季节特征；其六要考虑货源情况，安排一些物美价廉而又便于调配花色品种的原料，以平衡成本。

（四）确定突出宴会主题的核心菜点

核心菜点是整桌宴席的主角，哪些菜是核心菜点各地看法不尽相同。一般来说，头菜是整桌宴席的“主帅”，彩碟是其“门面”，甜菜和素菜具有缓解口味、解腻醒酒等特殊作用；座汤是宴席中最好的汤菜，首点是规格最高的点心，它们的质量能直接反映宴席的规格，在宴席中占有举足轻重的地位。特别是头菜和座汤，它们是体现宴席档次的主要菜品，必须使其成本明显高于其他菜品。核心菜点一旦确定，其他配套菜点便可以相应安排。

（五）灵活安排宴席菜肴数目

我国大部分地区均有一条不成文的规定："红白喜事"中的红喜事（也就是我们所说的婚宴），菜肴的数目为双数；白喜事（即我们所说的丧宴），菜肴的数目为单数。婚宴菜肴数目通常以八个菜象征发财，以十个菜象征十全十美，以十二个菜象征月月幸福。如：江南地区流行的"八八大发席"，全席由八道冷菜、八道热菜组成；广东人办宴席时，讲究"九大簋"（过去人们摆筵席一般以九个簋盛九种菜肴最为隆重，故名），这是一个粤方言词，指极丰盛的菜肴或隆重的筵席。又如，婚宴不仅讲究菜肴的数目要是双数，而且举办婚礼的日子也通常选于农历双月的初八、十八、二十八，暗扣"要得发，不离八，八上加八，发了又发"的吉祥寓意。下图是韶关地区某酒店的婚宴菜单。

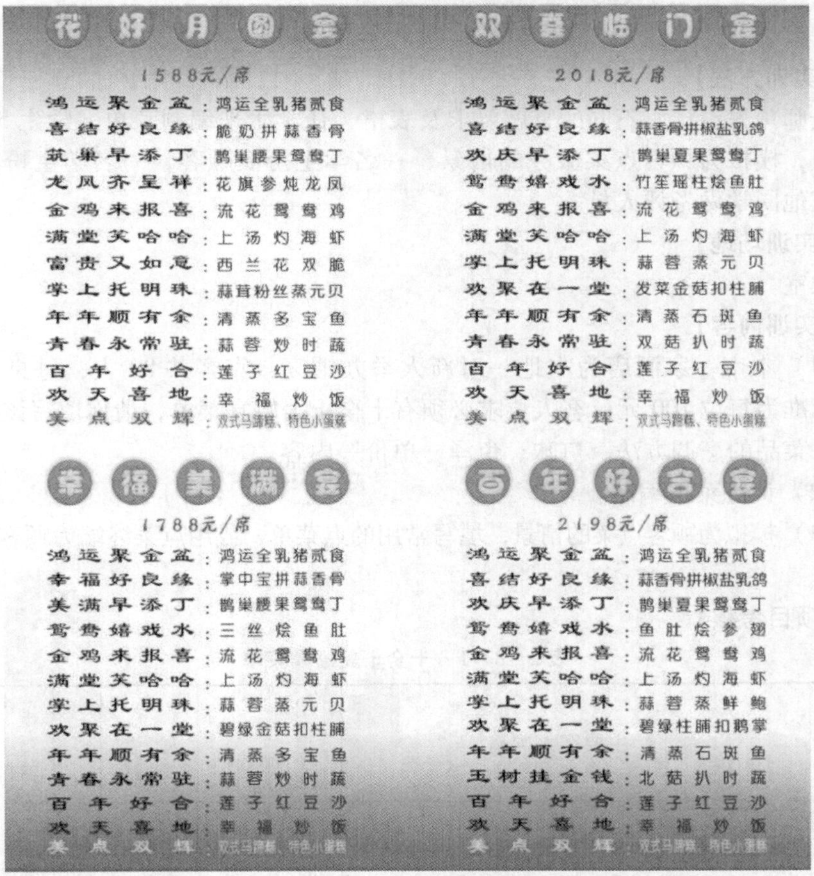

花好月圆宴
1588元/席
鸿运聚金盆：鸿运全乳猪贰食
喜结好良缘：脆奶拼蒜香骨
筑巢早添丁：鹊巢腰果鸳鸯丁
龙凤齐呈祥：花旗参炖龙凤
金鸡来报喜：流花鸳鸯鸡
满堂笑哈哈：上汤灼海虾
富贵又如意：西兰花双脆
掌上托明珠：蒜茸粉丝蒸元贝
年年顺有余：清蒸多宝鱼
青春永常驻：蒜蓉炒时蔬
百年好合：莲子红豆沙
欢天喜地：幸福炒饭
美点双辉：双式马蹄糕、特色小蛋糕

双喜临门宴
2018元/席
鸿运聚金盆：鸿运全乳猪贰食
喜结好良缘：蒜香骨拼椒盐乳鸽
欢庆早添丁：鹊巢夏果鸳鸯丁
鸳鸯嬉戏水：竹笙瑶柱烩鱼肚
金鸡来报喜：流花鸳鸯鸡
满堂笑哈哈：上汤灼海虾
掌上托明珠：蒜蓉蒸元贝
欢聚在一堂：发菜金菇扣柱脯
年年顺有余：清蒸石斑鱼
青春永常驻：双菇扒时蔬
百年好合：莲子红豆沙
欢天喜地：幸福炒饭
美点双辉：双式马蹄糕、特色小蛋糕

幸福美满宴
1788元/席
鸿运聚金盆：鸿运全乳猪贰食
幸福好良缘：掌中宝拼蒜香骨
美满早添丁：鹊巢腰果鸳鸯丁
鸳鸯嬉戏水：三丝烩鱼肚
金鸡来报喜：流花鸳鸯鸡
满堂笑哈哈：上汤灼海虾
掌上托明珠：蒜蓉蒸元贝
欢聚在一堂：碧绿金菇扣柱脯
年年顺有余：清蒸多宝鱼
青春永常驻：蒜蓉炒时蔬
百年好合：莲子红豆沙
欢天喜地：幸福炒饭
美点双辉：双式马蹄糕、特色小蛋糕

百年好合宴
2198元/席
鸿运聚金盆：鸿运全乳猪贰食
喜结好良缘：蒜香骨拼椒盐乳鸽
欢庆早添丁：鹊巢夏果鸳鸯丁
鸳鸯嬉戏水：鱼肚烩参翅
金鸡来报喜：流花鸳鸯鸡
满堂笑哈哈：上汤灼海虾
掌上托明珠：蒜蓉蒸鲜鲍
欢聚在一堂：碧绿柱脯扣鹅掌
年年顺有余：清蒸石斑鱼
玉树挂金钱：北菇扒时蔬
百年好合：莲子红豆沙
欢天喜地：幸福炒饭
美点双辉：双式马蹄糕、特色小蛋糕

韶关地区新年特色菜式举例：

发财好事(发菜蚝豉猪脷汤)68 元/例　好事连连(莲藕蚝豉大脷汤) 68 元/例
年年好市(发菜蚝豉柱脯)228 元/例　生财有道（发菜蚝豉扒生菜)88 元/例
黄金万两(香芋荔枝酥)88 元/例　金银满地(慈姑焖猪手)58 元/例
金钱满地(花菇扒菜胆) 48 元/例　年年高升（南瓜丁年糕) 68 元/打

其他菜式举例：

胡椒根炖鹌鹑 38 元/例　　灵芝炖老鸽 48 元/例　　三蛇羹 48 元/例

燕麦煮筒骨 48 元/例　　照烧三文鱼 128 元/例　　鲜冬笋焖家鹅 128 元/例

老干妈爆炒螺片 168 元/例　　腊味合蒸 168 元/例　　腊肉炒泥蒿 68 元/例

干锅白萝卜 28 元/例　　茶香三鲜 98 元/例　　咸猪蹄煲白菜干 68 元/例

（六）菜点的排列与审定

考虑了上述几个方面之后，还需根据宴席的结构，参照所订宴席的售价安排好其他菜点，使整桌菜品在数量和质量上与预期的目标趋于一致，最后再按照宴席的上菜顺序将其逐一排列，便可形成一套完整的宴会菜单。

技能实训　菜单编制

【实训方法】

老师预先设计好不同的宴席要求及表格，让学生来编制菜单。学生 5 ~ 6 人为一组，模拟为顾客点菜服务的情景，一名学生扮演顾客，一名学生扮演服务员，其他同学做考评人员。

【实训场地】

教室。

【实训内容】

（1）本市一家酒店为本地一对新人举办婚宴，宾客共 80 人，每桌 10 人，订餐标准为每位 100 元，客人要求必须有十全十美婚宴菜单，请你填写该菜单的规格，菜品的烹调方法、口味、色泽、单价等内容。

（2）训练菜单编制。

（3）模拟为顾客点菜的情景，填写常用的点菜单，或用点菜终端为顾客完成点菜服务。

【项目考核】

表 2-8-1　十全十美婚宴菜单

主办单位		主要客人国籍		用餐标准		人数		季节	
接洽人		宴会地点		宴会时间		桌数		毛利率（%）	
序号	菜名及寓意		规格	烹调方法		口味	色泽		单价
1	鸿运当头——大红乳猪拼盘								
2	比翼双飞会鹊桥——金钱鸡拼酿鸡								

（续上表）

序　号	菜名及寓意	规　格	烹调方法	口　味	色　泽	单　价
3	比翼双飞——酥炸鹌鹑					
4	七夕佳偶牵手——虱目鱼丸汤					
5	天长地久庆有余——糖醋煎黑鲔鱼					
6	纱窗绣幕鸳鸯枕——什锦烩蔬菜					
7	幸福美满——粤式香炒饭					
8	情意绵绵——金菇蟹柳伊面					
9	百年好合——莲子百合红豆沙					
10	万紫千红——时令水果盘					
备　注					合计	

表2－8－2　菜单编制评分表

序　号	考核内容	考核要点	分　值	考评标准	扣　分	得　分
1	突出风味	突出某一菜系的风味特点，上菜顺序正确	15	风味特点不突出扣5分； 菜单中出现多种菜系扣5分； 上菜顺序错误扣5分； 扣完为止		
2	菜肴搭配合理	菜品完整、口味与品种搭配适宜、菜量适度	30	菜品不完整扣5分； 菜肴数量不够或太多扣5分； 凉菜、面点配比不合理扣5分； 菜肴原料不够多样扣5分； 烹调方法不够多样扣5分； 口味与品种搭配欠佳扣5分； 扣完为止		
3	菜品造型美观	突出季节性的菜品，形态多样，色泽协调	20	与时令、季节不符或不突出扣10分； 形态及刀工单调扣5分； 菜品色泽搭配不当扣5分； 扣完为止		

（续上表）

序号	考核内容	考核要点	分值	考评标准	扣分	得分
4	菜肴价格	菜肴价格与毛利率相符，菜肴与盛器相符，菜肴盛器写明规格	20	菜价与毛利率不符扣10分； 菜品与盛器不符扣5分； 菜肴盛器没写规格扣5分； 扣完为止		
5	菜单书写规范	文字清楚、整洁，每种菜肴要写单价，最后要有总价	15	字迹不清楚、不整洁扣5分； 菜肴不写单价扣5分； 最后不写总价扣5分； 扣完为止		
合计得分			100			

表2-8-3　填写点菜单

日期	年　月　日	编号	
台号		人数	
序号	菜肴名称		
1			
2			
3			
4			
5			
6			
7			
8			
9			
服务员签名			

【实训效果】

通过训练，使学生主动学习菜点知识，包括菜点的制作、原料、特色和此菜点背后的故事等；掌握一些菜肴在主题宴席上的寓意，特别是婚宴、新年宴等。

模块九　餐厅接待服务流程

一、中餐厅接待服务流程

中餐厅接待服务流程一般是：为客订餐→迎客准备→迎接客人→接受点菜→席间服务→结账收款→送客与收尾→填写工作日志。

（一）为客订餐

预订的方式分为电话预订、当面预订和网络预订三种。

无论是电话预订还是当面预订，都必须热情礼貌地接待顾客，并把顾客的预订情况记录好。一般记录内容包括用餐时间，用餐人数，用餐标准，预订人姓名、电话及特殊要求等。

表 2－9－1　餐厅预订登记表

年　月　日　　NO.

房号/桌号	午餐					晚餐				
	姓　名	电　话	用餐时间	用餐人数	特殊要求	姓　名	电　话	用餐时间	用餐人数	特殊要求
包房 1										
包房 2										
……										
桌号 1										
桌号 2										
……										
备　注	预订表格每天一张，每月一本，用后存档。									

（二）迎客准备

餐厅服务员在顾客到来之前须在餐厅做好迎接客人的准备工作，一般包括整理、清洁餐厅，准备餐具、用具，餐桌摆台，了解菜单、酒单情况，餐前检查等工作。迎客准备工作是整个餐厅接待服务的基础，充分的迎客准备工作是良好服务、有效经营的重要保证。

（1）整理、清洁餐厅。餐厅服务员按各自分管的服务区域整理、清洁餐厅。地面要清扫、拖洗、打蜡或吸尘；餐桌、餐椅、工作台要擦尘，在擦尘过程中随时检查餐桌、餐椅有无松动、破损，若有应及时修补或更换；调好室内灯光，摆好室内的屏风等装饰物。如遇宴会、节假日或客人有特殊要求的，要对餐厅进行美化布置。餐厅提供给客人的用餐环境要求干净整洁、无灰尘、无油污。

（2）准备餐具、用具。各餐厅接待对象不同，所配备的餐具、用具也不尽相同。一般餐具包括：水杯、各类酒杯、餐碟、汤碗、汤勺、饭碗、筷子等。用具包括：台布、餐巾或餐巾纸、小毛巾、冰桶、开瓶工具、托盘、烟灰缸、牙签、调味品盅等。这些餐具、用具、要求无破损、无水渍、消毒干净，符合卫生标准，并整齐地放在备餐间或备餐柜里。此外，还需准备茶叶、开水、开胃点心、点菜单、酒水单、火柴或打火机、打包餐盒或方便袋等。摆台餐具要备1～2套。

（3）餐桌摆台。餐桌摆台包括零桌摆台和宴会摆台，具体内容见模块四。

（4）了解菜单、酒单情况。掌握菜单的品种、价格、主料、辅料，尤其是当日的特色菜或特价菜及受季节变化的影响而不供应的菜品；备好酒水、冰块等，并根据需要将酒水存放在冰箱或冰桶中备用。

（5）餐前检查。一般在餐厅正式营业前会召开餐前会，对服务员的准备工作进行全面检查，检查内容包括餐厅卫生，餐饮用具的摆放，餐厅灯光、温度，服务员的仪容、仪表及精神状态等。全面检查确认无误之后，餐厅服务员精神饱满地站在各自规定的岗位，迎接顾客的到来。

（三）迎接客人

开餐前五分钟，餐厅全体工作人员站在各自分管的岗位上等候开餐，迎接宾客。

（1）迎宾记录。宾客进入餐厅，迎宾员主动问候，问清人数、要求和特殊需要后，把宾客引领到合适的餐桌就座，并填写迎宾记录，如下表所示：

表2－9－2　迎宾记录

年　月　日　　星期

预订客人			零散客人		
人　数	时　间	台　号	人　数	时　间	台　号

（2）拉椅让座。迎宾员领客过来时，值台员及时为客拉椅让座，并向迎宾员了解宾客人数等情况，记在茶单上。

（3）入座后的服务。餐厅如有上小毛巾服务，则从宾客右边递上小毛巾，并询问宾客喝什么茶，按需开茶并斟倒第一杯礼貌茶。

（4）准备接受点菜。为宾客打开餐巾，去筷子套，收小毛巾，备好菜单、纸笔等，准备接受宾客点菜。

（四）接受点菜

（1）待宾客看过菜单后，即可征询宾客是否点菜。

（2）主动介绍菜式特点，帮助宾客挑选餐厅的特色菜，特别是厨师当日推荐的创新菜、时令菜、物价菜等。点菜完毕，复述给宾客听，并询问是否有错漏等；主动向宾客推销酒水和其他饮料。

（3）及时将台号、客人数量、菜品名称及特别要求等输入电脑。没有装电脑点菜系统的餐厅，还需要填写入厨单，通知厨师准备菜肴。

（4）收款员根据收银终端机随时调出点菜资料来开设账单，打出发票和出纳日报表。在没有装电脑点菜系统的餐厅，收银员要填写日报表，做好结账准备。

（五）席间服务

（1）按宾客要求到酒吧拿取酒水，并为宾客斟上第一杯酒水，征询宾客后撤走茶杯。

（2）按餐厅上菜的规范上菜，报出菜名，请宾客慢用。上第一道热菜时，主动询问宾客是否需要米饭；上最后一道菜时，主动告诉宾客菜上齐了，并询问是否需要增加菜肴或餐后甜品及水果等。

（3）宾客用餐期间勤巡台，及时撤走空菜碟及汤碗，勤换餐碟、烟灰缸等。

（4）根据宾客需要，随时为宾客添加酒水。

（5）在宾客点菜后30分钟内，检查菜品是否上齐，及时跟进，尽量缩短宾客的候餐时间。

（6）宾客用餐完毕，征询宾客同意后，尽快撤去餐台上不需要的餐具。

（六）结账收款

（1）及时清点宾客所点的食物和饮料，准备好结账单。

（2）宾客提出结账时，双手呈递账单给宾客，并询问宾客的结账方式。如宾客以刷卡方式付款时，应核对宾客的姓名、房号。

（3）若遇宾客认为账单收费不实时，应耐心地为客人对账，有礼貌地向宾客解释，结账后道谢。

（七）送客与收尾

（1）迎宾员送宾客到电梯口，并为宾客按电梯，目送宾客离去，欢迎下次光临。

（2）宾客离座后，值台员及时检查是否有尚未熄灭的烟头，是否有遗留物品，并按餐厅要求处理好。

（3）收拾餐桌，先整理好餐椅，然后分类收餐具并清洁餐桌卫生。

（4）重新布置餐桌，等候下一批宾客。

（八）填写工作日志

下班离店前最后一个环节是再全面检查一次：餐桌的布置是否完成，交接班工作是否做好，门窗水电是否关好，餐厅工作日志是否填好等。不同经营性质的餐厅有不同的餐厅工作日志，但主要内容大体相同。下面是某餐厅的工作日志，供大家参考。

表 2-9-3　某餐厅工作日志

年　月　日　　星期

日志内容	参考文件及检查人
一、员工管理状况 □ 员工考勤表记录完整、及时 □ 仪容仪表、个人卫生符合标准 □ 无迟到、脱岗等情况记录	《员工考勤表》
二、设施设备情况 □ 桌椅及餐具完好 □ 电器、用具、工作间完好 □ 照明完好 □ 发现有破损，已开《工程维修单》	
三、卫生保洁情况 □ 餐厅桌椅干净，排列整齐 □ 桌面餐具干净整洁 □ 地毯干净无杂物，无明显污迹 □ 棉织品干净整洁 □ 绿色植物干净，盆内无杂物 □ 洗手间整洁无杂物 □ 需要 PA 保洁，已开《多功能通知单》	《卫生检查表》
四、对客服务情况 □ 待客积极 □ 在服务中使用礼貌用语 □ 有无客人遗留物品，如有，按餐厅规定操作 □ 需要布置花草，已开《多功能通知单》	《对客服务质量检查标准》
五、贵宾卡发展情况 本日发展______张，本月计划发展______张 □ 填好的表格交值班经理	
六、餐具物品管理 □ 餐具物品领用数量正确 □ 餐具物品摆放位置正确	《物资配置表》

（续上表）

日志内容	参考文件及检查人
七、宾客意见 □ 菜肴方面，客人评价好 □ 服务方面，客人评价好 □ 其他方面，客人评价好	
八、营业收入 当天营业收入______元，本月目标______元	
九、餐厅主管处理意见	
十、主管部门签署意见	
备注：按要求完成好的在“□”里打√，否则打×	

二、西餐厅接待服务流程

西餐厅接待服务流程大致可概括为：预订→餐前准备→敬语迎宾→引宾入座→餐巾服务→推介开胃酒或鸡尾酒→上餐前饮品→接受点菜→推介佐餐酒→订佐餐酒→重新布置桌面→上黄油、面包→服务头盘→巡台→撤走头盘→服务第二道菜→撤走第二道菜餐具→服务主菜→撤走主菜餐具→整理桌面→推介奶酪和甜点并下订单→服务奶酪和甜点→上咖啡或茶→撤走甜点用具→推介餐后酒和雪茄并下订单→服务餐后酒和雪茄→结账→送客→清台。具体要求如下：

（1）预订服务：接受电话、当面或网络预订，注意电话预订礼节，并先用英语问好。接受订座时，记录清楚客人姓名、订座人数、就餐时间和特殊要求等。

（2）餐前准备：根据宾客预订要求选定餐桌，摆好台。在开餐前的餐前会上，让每位服务人员了解当日客情、特别菜肴及 VIP 接待注意事项等。

（3）迎宾服务：客人来到西餐厅，迎宾员要主动上前问好，热情地引宾入座。值台员协助进行拉椅让座、铺餐巾、点蜡烛等服务。如客人没有订座，而餐厅又已满座，迎宾员应主动告诉客人到酒吧廊候位。

（4）餐前酒服务：值台员在客人右侧倒冰水或柠檬水；调酒师上前推介餐前饮品，在客人右侧上餐前饮品，并报出饮品名称。值台员从客人左侧上黄油和面包，并将其置于主菜盘的左侧适当位置；领班从客人右侧上餐牌，并介绍当日特餐，然后略后退，让客人有足够的时间选择菜式。

（5）接受点菜：在点菜过程中，领班要问清牛排、羊排的生熟程度和沙拉跟何种沙拉汁搭配等，复述并确认客人所点的菜式，同时主动推销与菜式相配的佐餐酒；值台员根据客人所点的菜式，为客人调整、补充餐具。

表 2-9-4　西餐菜肴与酒水的搭配

菜　肴	酒　水									
	干白葡萄酒	鸡尾酒	甜红葡萄酒	甜白葡萄酒	甜葡萄酒	干红葡萄酒	利口酒	带气葡萄酒	香槟	雪莉酒
开胃菜	√	√							√	
汤				特别汤 √					√	特别汤 √
沙拉										
主菜	鱼类菜 √					肉类菜 √			√	
甜点					√		重口味甜点 √	√	√	
奶酪			√						√	
备　注	√ 表示菜肴与酒水相配									

（6）酒水服务：值台员从客人右侧上红酒杯或白酒杯；红葡萄酒放在酒篮里，白葡萄酒放在冰桶内冷藏，并按红葡萄酒、白葡萄酒的服务方法进行开瓶和斟酒服务。

（7）上菜服务：从客人右侧上菜，左侧上胡椒磨、沙拉汁等，并按上菜顺序进行。西餐上菜顺序：开胃菜→汤→沙拉→主菜→甜点或奶酪→咖啡或红茶。

（8）就餐服务：勤巡视、勤添酒水；客人用餐完毕，从客人右侧收撤餐具，并用毛巾清洁台面。如客人点了甜品，则上配套的甜品餐具，从客人右侧上甜品并报出名称；用完甜品后，从客人右侧上咖啡或红茶。此时，调酒师上前推销餐后饮品或雪茄，如客人点了雪茄，则为客人点着雪茄，用烟灰缸盛着从客人右侧送上。

（9）结账送客：账单从客人右侧双手呈上；客人结账离座时，主动为客拉椅让路，提醒客人带上所携物品并道谢。

（10）收尾工作：收拾餐桌，先整理好餐椅，然后分类收餐具并清洁餐桌卫生。重新布置餐桌，等候下一批宾客。下班离店前最后一个环节是再全面检查一次：餐桌的布置是否完成，交接班工作是否做好，门窗水电是否关好，餐厅工作日志是否填写好等。

技能实训　接待服务流程

【实训方法】

采用模拟餐厅接待服务情境训练法，将学生分为两组，以组为单位，一组学生扮演宾客，同时也是考评人，称为宾客组；教师对另一组学生进行合理分工，按实训规模将他们分为迎宾员、值台员、传菜员、收银员等，称为服务组。整个实训活动由服务组扮演餐厅工作人员为宾客组提供接待服务工作，尽可能地准备实物进行实训。

【实训场地】

模拟餐厅。

【实训内容】

（1）模拟餐厅接待服务过程中各岗位的职责及工作任务。

（2）训练餐厅接待服务过程中各岗位之间的默契度。

【项目考核】

表 2－9－5　中餐厅接待服务岗位履责评分表

考评题目		考评人姓名			
被考评人					
考核内容	考核要点	分　值	扣　分	扣　分	扣　分
为客订餐	礼貌接待，事项记录清楚	10			
迎宾准备	摆好台，了解当日客情	10			
迎宾领位	引领宾客就座，服务员协作好	10			
接受点菜	主动介绍菜式特点，帮助宾客挑选本餐厅的特色菜	10			
上菜分菜	按上菜顺序上菜，报菜名；按客人要求均匀分配菜点	10			
席间服务	勤巡台，及时撤走空菜碟及汤碗，勤换餐碟、烟灰缸等	10			
结账收款	准备好结账单，双手呈递账单给宾客，并询问宾客结账方式	10			
送客服务	迎宾员送宾客到电梯口，并为宾客按电梯，目送宾客离去	10			
餐后工作	收拾餐桌，重新布置餐桌，等候下一批宾客的到来	10			
收尾工作	再全面检查一次，包括餐桌的布置是否完成，交接班工作是否做好，门窗水电是否关好，餐厅工作日志是否填好等	10			
合计得分		100			

表2-9-6　西餐厅接待服务岗位履责评分表

考评题目			考评人姓名			
被考评人						
考核内容	考核要点	分值	扣分	扣分	扣分	扣分
为客订餐	礼貌接待，事项记录清楚	10				
迎宾准备	摆好台，了解当日客情	10				
迎宾领位	引领宾客就座，服务员协作好	10				
餐前酒服务	值台员在客人右侧倒冰水或柠檬水；调酒师上前推介餐前饮品，服务员之间配合默契	10				
接受点菜	问清牛排、羊排的生熟程度和沙拉搭配何种沙拉汁等	10				
席间服务	勤巡视，勤添酒水；客人用餐完毕，从客人右侧收撤餐具	10				
结账收款	准备好账单，双手呈递账单给宾客，并询问宾客结账方式	10				
送客服务	迎宾员送宾客到电梯口，并为宾客按电梯，目送宾客离去	10				
餐后工作	收拾餐桌，重新布置餐桌，等候下一批宾客的到来	10				
收尾工作	再全面检查一次，包括餐桌的布置是否完成，交接班工作是否做好，门窗水电是否关好，餐厅工作日志是否填好等	10				
合计得分		100				

【实训效果】

通过训练使学生懂得餐厅接待服务工作中各岗位之间配合的重要性，通过训练使大部分学生的合作精神和合作能力有不同程度的提升。

模块十　综合服务能力

餐饮服务是一项既具体又复杂的工作，既有完整的服务规范，又常会遇到不可预料的事件。因此，服务人员除了练好过硬的基本功，掌握娴熟的服务技能和技巧外，还要注重自身素质和能力的发挥，妥善处理好餐饮服务中的疑难问题，才能满足宾客的各种需求。

一、对特殊宾客的服务

（1）对儿童的服务：①为儿童提供儿童椅；②注意餐桌上的餐具和热水、热汤等；③把易碎物品放在儿童接触不到的地方；④给儿童的饮品提供弯吸管。

（2）对老年人的服务：①热情周到，耐心细致，注意整洁卫生；②向老年人介绍易消化、清淡的食物，食物应有适宜的口味，营养搭配合理，菜点的价格公道实惠；③对常来本餐厅用餐的老年朋友细心观察，记住他们的身体特点和生活习惯，并做好信息记录，以便提供爱心亲情式服务。

（3）对伤残宾客的服务：①要尊重、关心、体贴和照顾；②当他们到达餐厅时，应立即上前搀扶就座，帮助放妥手杖及携带物品，如客人以轮椅代步，要安排在方便出入和靠墙的位置；③盲人入座后，服务员要主动读菜单帮助点菜；④一定要使伤残宾客的需求得到满足，千万不要投以怪异的眼光。

二、餐饮服务突发事件的处理

突发事件是指餐厅经营管理过程中由于工作的疏忽或其他原因而引发的一些特殊情况，主要包括火灾、食物中毒、停电停水、自然灾害以及大的劳资纠纷等，所有这些都会给餐厅的信誉带来极为不良的影响，因此，正确处理各种突发事件，对餐厅的形象和信誉的维护具有十分重要的意义。

（1）客人喝醉酒的处理：①服务员应看护好客人，避免客人借醉酒闹事或发生其他问题；②根据客人的现场情况，必要时应叫医务人员或在场客人的朋友给予协助；③如果事态较严重，应当叫来保安人员或其朋友协助客人，将客人安全送回家。

（2）餐厅突然停电的处理：①服务员自己要镇定，同时要安抚客人，告诉客人最好不要来回走动，以免绊倒，对离去的客人提醒他们拿好自己的物品，同时提醒所有客人看管好自己的物品，以保安全；②如是经常发生的停电现象，服务员应向客人做解释，如是偶尔发生的情况，服务员应向客人表示歉意，并说明可能是某个地方出了问题；③打电话通知工程部，启用餐厅备用的照明器材，如蜡烛、手电筒等，让客人减少心中的恐惧感；④一般情况下，在停电期间，已经在餐厅的客人就要继续为其服务，服务员要同时注意观察，特别留意用餐完毕但还没有结账的客人，防止跑单；⑤在餐厅门口，要有迎宾员对新来的客人说明情况，请客人到别的餐厅去用餐；⑥如果停电事态较严重，应当由餐厅人员安排客人有序离场，并致歉。

（3）餐厅发生火灾的处理：①服务员要稳定客人情绪，不能乱场，指引客人安全疏散，指引客人使用安全通道，不要使用电梯；②报餐厅消防中心，拿出备用的灭火器材灭火；③确认所有客人都安全离开受灾区域后，服务员才能撤退。

（4）客人在用餐时突然被食物噎住的处理：客人在用餐时出于高兴、讲话、吃得过快等原因，可能发生被食物噎住的情况，一般的反应是脸色铁青，停止讲话，用手指捏咽喉。餐厅服务员在服务中如遇到这种情况，应立刻上前帮助客人。要富有同情心，绝不可讥笑或袖手旁观。若食物噎得较轻，可立即送一杯水请客人喝下；若食物噎得较重，餐厅服务员应站在客人后面，双臂把住客人腰部，用拳头拇指背面靠在客人肚脐靠上一点，另一只手握拳，迅速向上挤压，震动客人肚子，反复几次，即可排出食物，然后送一杯水请客人喝下。

（5）客人遗失东西的处理：当在场客人告诉服务员有物品遗失时，服务员要首先报告给当值主管。当值主管应立即对现场客人和环境进行了解，随后通知保安人员，共同商讨相关事宜，以求和平解决。如果事态严重且协商不一致，或查不出结果，应当上报公安机关作出最后的处理意见。

（6）发现未结账客人离开餐厅的处理：服务员遇到客人未结账就离开餐厅时要沉着，不要惊慌，应该告诉自己，客人是忘记了。此时，应采取的办法是立即拿着账单追上去，当走到客人面前时，应该有礼貌地小声把情况说明："先生/小姐，对不起，由于刚才工作较忙，没有及时把账单送给您，这是您的账单。"请客人补付餐费。如果客人是请朋友吃饭后离去，服务员应请付款的客人到一边然后将情况讲明，以照顾客人的面子，服务员不得质问客人，不要高声与客人讨论此事，更不能得理不让人。

三、宾客投诉的处理

1．投诉原因及解决方法

（1）投诉的原因。投诉是指宾客将他们主观上认为是由于服务工作上的差错而引起的麻烦和烦恼，或者因工作失误损害了自己的利益等情况向服务人员提出或向有关部门反映的一种行为。一方面是主观原因，是由于服务员本身素质的原因引起的，即不尊重客人和工作不负责任或工作没按标准化、程序化和规范化进行操作而导致客人投诉。另一方面是客观原因，是餐厅环境设施问题。例如，餐厅的设备损坏后未能及时修理好；服务收费不合理，如客人在就餐后或离店前结账时发现应付的款项和实际消费有出入或收费项目不明确，有欺骗客人的嫌疑等。当出现以上种种情况时，由于宾客的性格不同，处理问题的方式也不相同：有的客人可能嘴里嘀咕几句就算了；有的客人虽有怨气也不一定发泄出来，只是心中想着“以后再也不来这里了”；但也有些性情急躁的人，可能会大动肝火，找经理投诉。

（2）投诉的解决方法。一方面，要正确对待宾客的投诉。一个餐厅无论经营得怎么好，也总会有使宾客感到不满意或处理不当的地方，因此，宾客投诉是正常现象。在服务中要使每一位宾客每时每刻都感到愉快也是有难度的，因此，服务人员应随时准备接受投诉，正确接受投诉可以提高服务质量和餐厅声誉，对餐厅的经营起到推动作用。另一方面，要认识到，宾客投诉的心理，一是求尊重的心理。宾客在采取了投诉行动之后，都希望别人认为他们的投诉是对的、有道理的，他们希望得到同情、尊重，希望有关人员、有关部门重视他们的意见，向他们表示歉意，并立即采取相应措施。二是求发泄的心理。宾客在碰到令他们烦恼的事情之后，在被讽刺、挖苦甚至被辱骂之后，心中充满了怨气、怒火，他们要利用投诉的机会发泄出来以维持心理平衡。

2. 处理客人投诉的技巧

（1）做好接待投诉客人的心理准备。首先要站在客人的立场替客人着想。一般来说，客人大都是因为发现我们的服务、管理或提供的菜点、酒水有问题才来投诉的。因此，树立“理解客人”的信念，是处理好投诉的第一步。

（2）设法使客人消气。投诉的最终解决只有在“心平气和”的状态下才能进行，因此，接待投诉客人时，首先要保持冷静、理智，同时要设法消除客人的怒气。

（3）认真倾听客人讲述，并注意做好记录。对客人的讲述要认真听，勿随意打断客人的讲述胡乱做解释，还要做好记录。

（4）对客人的不幸遭遇表示同情并道歉。

（5）对客人反映的问题应立即着手处理。客人投诉最终是为了解决问题，因此，对于客人的投诉应立即着手处理，切不可在客人面前推卸责任。

（6）对投诉的处理过程进行跟踪。与客人进行再次沟通，询问客人对投诉的处理结果是否满意，同时感谢客人。

3. 解决投诉的程序

快速处理程序：

（1）倾听客人意见，把握问题的关键所在。

（2）必要时查看投诉物，迅速作出判断。

（3）向客人致歉，做必要的解释，请客人稍等，马上与有关部门联系。

（4）跟进处理情况。

一般处理程序：

（1）认真倾听，以示关注，了解客人投诉的实质所在。

（2）请客人移步至不引人注目的一角，对情绪冲动的客人应奉上茶水或其他不含酒精的饮料。

（3）对客人的遭遇表示同情，必要时做记录。

（4）区分不同情况，妥善安置客人。

（5）着手调查，必要时向上级汇报情况，请示处理方式。

（6）把调查情况与客人进行沟通，向客人做必要的解释，争取让客人同意处理意见。

（7）向有关部门落实处理意见，监督、检查完成情况。

（8）再次倾听客人意见。

（9）把事件经过和处理情况整理成文字材料，存档备查。

4. 常见的宾客投诉

（1）服务质量方面的投诉。如服务员写错菜单或送错菜，向客人提供不洁净的餐饮用具，茶水、饮料、汤汁等不小心弄脏了客人的衣服等。还有就是对服务员的态度和技能的投诉。服务态度方面的投诉一般包括：服务人员态度傲慢、语言粗鲁、不耐烦、冷淡、推脱、拖延等。服务技能方面的投诉通常指的是：服务人员的业务不熟练，如不报或报错菜名，一问三不知，服务程序混乱，失误频频等。

（2）饭菜质量方面的投诉。如客人在食物中吃到异物，发现食物中有头发丝等。饭菜的质量主要表现在饭菜的“质、色、香、味、温、形、器”七个方面。

（3）卫生方面的投诉。卫生分为食品卫生和环境卫生两方面。食品卫生是指食物本身和与食物直接接触的餐具、用具等的清洁卫生。环境卫生包括餐厅的设施设备是否整洁干净、空气是否清新、温度是否宜人、周围是否存在噪声等因素。有的餐厅的设施设备隔音效果差，噪声影响了用餐气氛。

（4）设施设备方面的投诉。常见的问题是电梯、灯光、空调失灵，停电、停水，洗手水不热，烘手器断电，椅子开裂让客人摔倒等。

技能实训　综合服务能力

【实训方法】

老师预先设计并准备好餐饮服务过程中常出现的案例和已出现过的特殊案例，以问题的形式写在小纸条中，折叠好后让被测者抽题做答或操作。同时，根据题目的内容预先找一些学生扮演当时情境中的顾客，激发被测者处理突发事件的灵感，达到一起学习的效果。

【实训场地】

教室。

【实训内容】

（1）客人要点菜单上没有的菜肴时，服务员应怎样处理？

（2）客人用餐时突然被食物噎住，服务员应怎样处理？

（3）客人进餐时餐厅突然停电，服务员应怎样处理？

（4）发现未付账的客人离开餐厅，服务员应怎样处理？

（5）客人喝醉酒，服务员应怎样处理？

（6）餐厅发生火灾，服务员应怎样处理？

【项目考核】

表 2-10-1　灵活处理突发事件评分表

考评题目			考评人姓名			
被考评人						
序号	考核要点	分　值	扣　分	扣　分	扣　分	扣　分
1	答非所问者不得分	10				
2	回答的内容不完整酌情扣分	10				
3	答题时声音过小、语速过快或过慢扣分，吐字不清楚扣分	10				
4	注重服务意识，给宾客留面子	20				
5	回答的内容重点突出、条理清晰	10				
6	回答问题时使用礼貌用语	10				
7	态度认真、耐心、端正	10				
8	沉着冷静，勤于思考，灵活应变	10				
9	把事件经过和处理情况整理成文字材料，存档备查	10				
合计得分		100				

【实训效果】

处理突发事件时，能控制情绪，保持理智，并做好记录。

第三部分

模拟试题

模块一　理论知识

一、单项选择题

1．以下（　　）不是中式早餐餐前准备工作的内容。

A．分菜用具准备　　B．环境准备

C．餐具佐料和服务用品准备　　D．个人卫生准备

2．以下，（　　）是餐厅的高档用具。

A．金器、银器　　B．金器、竹器

C．银器、玻璃器皿　　D．瓷器、银器

3．以下，（　　）不是银器的清洗步骤。

A．用刷子刷去残留物　　B．冲洗

C．配药、浸泡　　D．二次冲洗、消毒

4．银器属（　　）物品，应设银器台账，实行领出收回登记制度。

A．普通　　B．一般

C．中档　　D．贵重

5．（　　）是玻璃器皿存放的正确方法。

A．不同规格分档存放　　B．重叠码放

C．在托盘中堆放　　D．杯口朝上码放

6．清洗陶器的方法应该是（　　）。

A．热水浸泡，去污剂洗，净水冲

B．洗涤液洗涤消毒，净水冲洗，控水擦干

C．凉水冲，洗洁精洗，控干水分

D．清洁剂洗，净水冲，开水烫

7．高档陶器不用时，应予以（　　）进行保管。

A．包垫　　B．堆好

C．打捆　　D．摊开

8．餐具的洗涤程序是（　　）。

A．一刮、二洗、三冲、四消毒　　B．一冲、二刮、三消毒、四冲

C．一洗、二刷、三消毒、四冲　　D．一刮、二洗、三消毒、四冲

9．以下，（　　）是瓷器餐具不正确的消毒方法。

A．煮沸　　B．蒸汽

C. 干热、化学　　　　D. 药物、开水烫

10. （　　）菜肴的分菜服务中，服务员应视具体情况将菜肴的不同部位分送给宾客。

A. 汤类　　　　B. 风味

C. 拔丝类　　　　D. 造型类

11. 北京烤鸭的分菜服务一般是在（　　）的情况下需要。

A. 老年人多　　　　B. 儿童多

C. 少年人多　　　　D. 老年人多、儿童多、少年人多

12. 分三文鱼服务一般每份鱼以（　　）片为宜。

A. 1　　　　B. 2

C. 3　　　　D. 4

13. 拆分香酥鸡时，服务员左手持餐勺扣压住（　　），右手持餐叉拆分。

A. 鸡头　　　　B. 鸡胸

C. 鸡尾　　　　D. 鸡颈

14. 烤羊腿拆分完毕后应将所剥羊腿骨及未分完的肉（　　）置于盘内，以备客人添用。

A. 清除干净　　　　B. 分放盘边

C. 保持原状　　　　D. 撤离餐台

15. 进行盘龙鳝分菜服务时，要将其分段切割使之大小均匀，然后将（　　）浇在上方后再分送给客人食用。

A. 汤汁　　　　B. 辅料

C. 佐料　　　　D. 余下的部分

16. 海水鱼中，（　　）在烹制时要先去皮再制作。

A. 石斑鱼　　　　B. 黄鱼

C. 红斑鱼　　　　D. 比目鱼

17. 鱼类菜品在展示给宾客观赏时应将（　　）朝向宾客。

A. 鱼头　　　　B. 鱼尾

C. 鱼腹　　　　D. 鱼鳍

18. 下列选项中，（　　）因用量大应多备些。

A. 茶具　　　　B. 筷子

C. 餐碟　　　　D. 汤碗

19. （　　）的特点是使用广泛而且灵活，客人阅读方便。

A. 板式菜单　　　　B. 本式菜单

C. 广告式菜单　　　　D. 电子菜单

20. 可以加温也可以冰镇的饮料品种有（　　）。

A. 雪碧、椰汁　　　　B. 汽水、七喜

C. 椰汁、露露　　D. 露露、美年达

21. 除冬季应准备温酒器皿外，一般在常温下备用的酒水是（　　）。

A. 白酒　　B. 汽酒

C. 啤酒　　D. 香槟

22. 市场经济条件下，职业道德最终将对企业起到（　　）的作用。

A. 决策科学化　　B. 提高竞争力

C. 决定经济效益　　D. 决定前途与命运

23.（　　）不符合服务的特点。

A. 有形性　　B. 不可储存性

C. 直接性　　D. 不可触摸性

24. 开拓创新（　　）。

A. 需要人才和知识　　B. 只需要胆略

C. 是导致企业倒闭的催化剂　　D. 就是表面形式的改变

25. 符合《食品卫生法》规范操作要求的是（　　）。

A. 干净的餐具应存放在消毒柜中　　B. 托盘无须清洗消毒

C. 为客人斟酒后用手擦瓶口　　D. 为客人上汤菜时大拇指扣住碗边

26. 进行分让式分菜服务时，餐厅服务员应站于宾客（　　），站姿要稳，不可斜靠影响宾客。

A. 右侧　　B. 中间

C. 左侧　　D. 任意位置

27. 以下（　　）需要两位餐厅服务员提供分菜服务。

A. 分让式餐台分菜　　B. 合作式餐台分菜

C. 分菜台分让式　　D. 厨房分让式

28. 分让菜品在（　　）服务中是一项带有技术性的重要工作。

A. 零点餐　　B. 宴会

C. 冷餐会　　D. 鸡尾酒会

29.（　　）宴会，服务员不仅要照顾好宾主，还要照顾翻译人员用餐，以保证宾主交流。

A. 政府间会晤性　　B. 高档的

C. 招待式的　　D. 任何类型

30. 在分让烩四鲜类菜肴时，应注意（　　）。

A. 不可搅动　　B. 均匀分派

C. 先多后少　　D. 先少后多

31. 下列选项中，（　　）是随菜佐料的三种类型。

A. 植物类、人工复合类、腌制类　　B. 熏烤类、人工复合类、腌制类

C. 植物类、动物类、炝拌类　　D. 人工复合类、熏烤类、动物类

32. 下列选项中，哪项是四川菜中软炸酥方应配合使用的调味料（　　）。
A. 辣味酱油、香菜　　B. 花椒盐、醋
C. 醋、生菜、葱、花椒盐　　D. 海鲜酱、黄瓜条
33. 采取贵族式服务的宴会是（　　）。
A. 意式宴会　　B. 法式宴会
C. 日式宴会　　D. 英式宴会
34. 离餐桌较近的地方摆放的设施应该是（　　）。
A. 物品柜　　B. 音响设备
C. 低温冷藏柜　　D. 服务员工作台
35. 以下，（　）是西餐宴会的台型。
A. 几何形　　B. 三角形
C. 梅花形　　D. 鱼骨形
36. 以下，（　　）是西餐宴会用于庆典或款待贵宾的酒水。
A. 红葡萄酒　　B. 香槟
C. 干红葡萄酒　　D. 白兰地
37. （　　）是西餐宴会正确的上菜顺序。
A. 头盘、第一主菜、第二主菜、甜食、汤
B. 头盘、汤、第一主菜、第二主菜、甜食
C. 汤、头盘、第一主菜、第二主菜、甜食
D. 头盘、第一主菜、第二主菜、汤、甜食
38. 西餐宴会上菜应按（　）的原则进行服务。
A. 先宾后主、女士优先　　B. 先宾后主、先男宾后女宾
C. 先主宾再主人、按座次顺序　　D. 先女宾后男宾
39. （　　）的上菜方式是台前托让式。
A. 法式宴会　　B. 日式宴会
C. 意式宴会　　D. 俄式宴会
40. （　　）是俄式宴会服务员采用的服务方式。
A. 小组作业　　B. 与客人合作分让菜品
C. 餐前装饰菜品　　D. 独立操作
41. （　　）是俄式宴会的上菜方式。
A. 台前自取式　　B. 台前分让式
C. 托盘式　　D. 客人传递式
42. 特殊酒水是指在包装或（　　）上不同于一般的酒水。
A. 颜色　　B. 配料
C. 饮用方法　　D. 开启方法
43. 下列工具中，（　　）不是特殊酒水开启时所用的工具。

A. 酒钻　　B. 金属箔

C. 钳子　　D. 小刀

44. 香槟开瓶时，要用（　　）斜拿瓶颈处，（　　）转动封口处的金属丝。

A. 右手　左手　　B. 左手　右手

C. 左手　左手　　D. 右手　右手

45.（　　）开启时，瓶口要朝向服务员右手方向，以便起到遮挡作用。

A. 香槟　　B. 一般酒

C. 佐餐酒　　D. 金酒

46. 香槟在开启时，与一般酒水相比，开启（　　）不同。

A. 时间　　B. 目的

C. 质量　　D. 工具

47. 餐具洗消工序分为四道，其中第三道工序为（　　）。

A. 去残渣　　B. 净水冲

C. 洗涤剂洗刷　　D. 热力消毒

48. 餐厅棉织品的卫生要求是：小毛巾一用一消毒，台布（　　）。

A. 一天一换　　B. 一餐一换

C. 无须更换　　D. 视情况而定

49. 个人卫生制度要求员工每年必须进行（　　）。

A. 个人工作总结　　B. 专业培训

C. 军训　　D. 健康检查

50. 1995 年 10 月 30 日公布实施的卫生法律是（　　）。

A.《计量法》　　B.《中华人民共和国食品卫生法》

C.《动物保护法》　　D.《环境保护法》

51. 礼节是人们在交往时，表示（　　）的惯用形式。

A. 命令　　B. 指责

C. 相互尊敬　　D. 爱慕

52. 男士同女士握手，伸手顺序正确的是（　　）。

A. 男士先伸手　　B. 女士先伸手

C. 双方同时伸手　　D. 年龄小的先伸手

53. 行握手礼时，除年老体弱者和残疾人外，一定要站着，还应注意（　　）。

A. 多人在场时，应与他人交叉握手

B. 讲究卫生，戴着手套行握手礼

C. 与女士握手一般只握女士手指部分

D. 为体现热情应久握不松手

54. 礼貌是人们在相互交往过程中，通过语言、表情、行为、态度表示相互尊重和友好的（　　）。

A. 一种方法　　B. 隆重仪式

C. 惯用形式　　D. 言行规范

55.（　　）是礼仪三大要素所不容的。

A. 着休闲装参加外交活动　　B. 敬语待客

C. 与人交往面带微笑　　D. 穿黑色西装参加吊唁活动

56. “礼”的本质是（　　）。

A. 尊敬人　　B. 人与人之间争名夺利

C. 遵守社会公德　　D. 维护企业形象

57. 服务员的（　　）对提高餐厅社会声誉有直接影响。

A. 身材　　B. 服装款式

C. 文明礼貌的服务态度　　D. 工资收入

58. 心理学家马斯洛把人的心理需求划分成五个层次，它们按（　　）依次排列。

A. 生理、安全、社会群体感、受尊重、自我实现

B. 安全、社会群体感、受尊重、生理、自我实现

C. 生理、社会群体感、安全、受尊重、自我实现

D. 生理、安全、受尊重、自我实现、社会群体感

59. “先行预计客人需求，超前服务”是服务人员的（　　）素质。

A. 优秀　　B. 基本

C. 良好　　D. 心理

60. 酒水服务中，除了一般酒水服务外，还有一些（　　）酒水服务。

A. 指定的　　B. 特殊的

C. 零点的　　D. 宴会的

61. 特殊酒水使用的开启工具与一般酒水使用的开启工具（　　）。

A. 相同　　B. 基本相同

C. 有所不同　　D. 完全不同

62. 语言是餐厅服务员与客人交流的首要元素，服务语言要求（　　）、欢快、协调。

A. 低声细语　　B. 快节奏

C. 礼貌、耐心　　D. 高频率

63. 耐心亲切的语言能（　　）各种挑剔的客人。

A. 制服　　B. 应付

C. 摆脱　　D. 回避

64. 就餐服务周到是服务员在宾客正常用餐过程中（　　），以体现餐厅高

品质的服务。

A. 尽量去做的　　B. 努力去做的

C. 必须做到的　　D. 可以去做的

65. 服务八字方针是一个餐厅服务员（　　）的体现。

A. 职业道德　　B. 道德品质

C. 服务经验　　D. 精神面貌

66.（　）使用的是桌裙餐桌。

A. 较高档的餐厅　　B. 面包房

C. 中档餐厅　　D. 普通餐厅

67.（　　）不是人工合成的作料。

A. 蚝油　　B. 香糟汁

C. 鱼香汁　　D. 咖喱汁

68. 中餐复合味型有（　　）等。

A. 咸甜、咸麻、甜辣　　B. 咸香、苦味、浓厚

C. 清香、酸味、甜味　　D. 浓厚、鲜味、辣味

69. 下列选项中，（　　）配合使用的佐料是由客人自己进行调配的。

A. 桃花泛　　B. 锅巴海参

C. 涮羊肉　　D. 怪味鸡

70.（　　）的做法不利于人际关系的处理。

A. 不承认别人也有优点　　B. 不与他人争吵

C. 善于向别人学习　　D. 尊重他人

71. 煮沸消毒要求在（　　）的水中煮（　　）。

A. 63℃；30 分钟　　B. 0℃ ~80℃；30 ~60 秒

C. 100℃；3 ~5 分钟　　D. 100℃；0.5 ~2 秒

72. 煮沸消毒适用于食品餐饮用具中的（　　）、酒具、直接盛装入口食品的容器、材料器具的消毒。

A. 茶具　　B. 设备

C. 牛奶　　D. 不耐湿热的物品

73. 超净车间应采用（　　）的方法消毒。

A. 蒸汽消毒　　B. 干烤灭菌

C. 紫外线消毒　　D. 红外线消毒

74. 配制过氧化物制剂用于消毒，其溶液的浓度应为（　　）。

A. 0.5% ~1%　　B. 0.1% ~0.3%

C. 5% ~8%　　D. 4% ~5%

75. 感官鉴定是以人们的感觉器官对食品的感官性状进行鉴定，从色、香、味、形四个方面与（　　）进行对比鉴别。

A. 正常食品　　B. 所用原料

C. 其他食品的照片　　D. 菜肴本身的价格

76. 改变（　　）可减少细菌的繁殖，是预防食品被细菌污染的方法。

A. 水分　　B. 温度

C. 营养适宜的条件　　D. 温度、水分、营养适宜的条件

77. 下列污染不属于化学污染的是（　　）。

A. 农药污染　　B. 生物性污染

C. 食品添加剂使用过量　　D. 包装材料中的有害物质含量过多

78. 夏季肉制品出锅后，24 小时内不食用必须（　　）。

A. 倒掉　　B. 趁热放入冰箱保存

C. 放入冷冻箱中储存　　D. 回锅加热

79. （　　）的做法不符合食品制售的卫生要求。

A. 食品在遮阳伞下出售无须再遮盖

B. 食品在室内出售

C. 食品出售时有遮盖

D. 食品制售间内有防尘、防鼠、防蝇设施

80. （　　）应保存在 －15℃ ~ －10℃的冰库中。

A. 黄油　　B. 生鱼

C. 熟食　　D. 啤酒

81. 客人看菜单时，是非常好的推销机会，服务员不要（　　），要与客人进行关于菜单内容的必要沟通。

A. 置之不理　　B. 去打扰客人

C. 接近顾客　　D. 唠叨不停

82. 正确运用推销语言，可以大大促进（　　）。

A. 销售　　B. 服务

C. 生产　　D. 库存积压

83. （　　）是大、中型宴会设置讲台和麦克风的最佳位置。

A. 第一主宾桌的后侧　　B. 宴会厅门口

C. 主人的右侧　　D. 休息厅

84. 大型宴会应预留宽度为（　　）的通道。

A. 2 米左右　　B. 2.5 米左右

C. 3 米左右　　D. 1.8 米左右

85. （　　）是餐桌距四周墙壁的距离。

A. 1 米　　B. 1.2 米

C. 1.8 米　　D. 2.2 米

86. （　　）是服务员在服务中不应有的态度。

A. 冷漠　　B. 和蔼

C. 耐心　　D. 热情

87. （　　）的姿态不符合服务员的站姿要领。

A. 目光上扬　　B. 肩平挺胸

C. 两腿相靠，直立　　D. 直腰收腹

88. 女服务员站立时，双脚（　　），双膝和脚后跟要靠紧，脚尖分开的距离为20~25厘米。

A. 完全并拢　　B. 呈V字形

C. 呈丁字形　　D. 分开与肩同宽

89. 男服务员站立时，双脚与肩同宽，上体（　　），不可把脚张开很大。

A. 保持正直　　B. 略微前倾

C. 挺胸仰头　　D. 耸肩勾背

90. （　　）的做法符合服务员工作中的举止要求。

A. 在宾客面前吸烟

B. 与客人距离较远时，可招手示意

C. 在客人面前剔牙，不做遮掩

D. 餐厅客人较少时可伸懒腰以此放松一下

91. 服务员在开启香槟时，要求左手拿瓶颈，酒瓶与桌面成（　　）角。

A. 20°　　B. 45°

C. 75°　　D. 90°

92. 香槟开启时，（　　）的朝向应为服务员右手方向。

A. 瓶口　　B. 瓶底

C. 瓶中部　　D. 瓶下1/3处

93. 开启酒水时，瓶口不能朝向顾客或天花板的酒是（　）。

A. 槟榔酒　　B. 香槟

C. 威士忌　　D. 特基拉酒

94. 香槟打开后，服务员要用干净的餐巾仔细（　　）。

A. 包住软木塞　　B. 擦拭商标

C. 擦拭瓶口　　D. 擦拭瓶子

95. 香槟开启前，要用小刀将瓶塞外面的（　　）削掉。

A. 塑料箔　　B. 尼龙丝

C. 金属箔　　D. 金属链

96. 酒水、饮料在日常保管过程中除了注意其保质期外，还要注意存放处的（　　）。

A. 通风　　B. 温度

C. 湿度　　D. 酒度

97. 酒水在日常保管时，罐装酒类与木塞封酒类（　　）的保管方法不同。
A. 酒瓶　　B. 瓶口朝向
C. 酒体　　D. 酒色
98. 罐装酒与（　　）在日常保管过程中，保管温度要求不同。
A. 啤酒　　B. 汽酒
C. 木塞封酒　　D. 香槟
99. 微笑服务是（　　）。
A. 完成领导任务的表现　　B. 向客人索取小费的前提
C. 爱岗敬业的表现　　D. 认真执行饭店规定的表现
100. 服务员的（　　）可通过看、听、说、想四个方面来提高。
A. 语言艺术　　B. 操作技能
C. 外语水平　　D. 服务意识
101.（　　）是同客人讲话时不正确的做法。
A. 距离保持 1 米　　B. 音量低于客人
C. 语调亲切　　D. 表情严肃
102. “（　　）”是客人进入餐厅时服务员的第一句招呼语。
A. 您好　　B. 请问几位
C. 几个人　　D. 里面请
103. 客人提出有关菜肴的问题，不清楚时应说（　　）。
A. 对不起，我问清楚后马上告诉您
B. 不知道
C. 这需要问厨师
D. 您去问问餐饮部经理，他可能知道
104. 唇膏颜色的选择要与肤色相配，一般来说，肤色较黄者应选择（　　）。
A. 偏红色　　B. 浅红色
C. 粉色　　D. 偏紫红色
105.（　　）不是北京小吃。
A. 茶汤　　B. 叉烧包
C. 灌肠　　D. 焦圈
106. 吃面包夹红肠喝啤酒是（　　）的饮食习惯。
A. 上海浦东地区　　B. 广东潮州地区
C. 福建厦门地区　　D. 东北哈尔滨一带
107. 馕是（　　）的家常主食之一。
A. 蒙古族　　B. 藏族
C. 回族　　D. 维吾尔族

108．酥油茶是（　　）人不可缺少的饮料佳品。

A．维吾尔族　　B．蒙古族

C．回族　　D．藏族

109．（　　）不是蒙古族人的饮食习俗。

A．喜欢吃咸饭

B．牧民外出放牧极喜欢吃炒米

C．烤全羊是宴请远方宾客的最佳食品

D．牧民夏天喜欢饮马奶酒

110．（　　）是傣族人待客的最佳菜肴。

A．坨坨肉　　B．酸竹煮鸡

C．糖醋排骨　　D．咕咾肉

111．（　　）是英国人的常备饮料。

A．花茶　　B．可乐

C．雪碧　　D．咖啡、红茶

112．法国人吃饭时讲究菜肴与酒的搭配，白葡萄酒一般配食（　　）。

A．主菜　　B．头盘

C．甜品　　D．清汤、海味

113．下列选项中，（　　）不是中餐厅配备餐饮用具的依据。

A．餐厅档次的高低　　B．餐位的多少

C．菜肴的特点　　D．餐具柜的多少

114．餐饮业普遍使用的是（　　）餐具。

A．玻璃　　B．瓷

C．金　　D．银

115．下列选项中，（　　）是西餐吃甜品用的器具。

A．甜勺、大餐叉、奶缸　　B．水果刀、甜叉、甜勺、糖缸

C．甜勺、甜叉、水果刀、叉　　D．甜叉、甜勺、奶缸

116．黄酒杯多用于喝（　　）。

A．配制酒　　B．果味酒

C．绍兴酒、加饭酒　　D．米酒、配制酒

117．大多数餐厅使用（　　）作为西餐酒具。

A．金酒杯　　B．玻璃酒杯

C．瓷酒杯　　D．银酒杯

118．在餐厅中，（　　）属于高档用具。

A．银器　　B．竹器

C．陶器　　D．玻璃器皿

119．开启香槟时，当封瓶的木塞暴露后，（　　）垫着干净的餐巾紧捏瓶

塞上段，（　　）轻轻转动酒瓶。

A. 左手；右手　　B. 掌心向上；掌心向下

C. 右手；左手　　D. 右手先上；右手后上

120. 能抓住任何推销机会，说明服务员有较强的（　　）。

A. 推销意识　　B. 攻关能力

C. 工作能力　　D. 以上都是

121. 香槟开启时不能使用的方法是（　　）。

A. 拧瓶塞后直接拔瓶塞　　B. 用酒钻打开

C. 用小刀打开　　D. 用钳子剪断金属丝

122. 斟倒加温和冷却的酒水在服务上属于（　　）。

A. 一般性服务　　B. 优质性服务

C. 特殊性服务　　D. 美观性服务

123. 特殊酒水在开启之前一定要先请宾客（　　）后再进行服务。

A. 确认酒标　　B. 品尝酒品

C. 选酒　　D. 目视酒品

124. 在续斟酒水服务中，提供酒温保持在最高温度的酒水，是续斟（　　）酒水服务。

A. 加温　　B. 加柠檬

C. 加糖　　D. 加话梅

125. 服务员为急躁型顾客提供服务时，要（　　）。

A. 行动迅速、语言简练　　B. 耐心细致、温文尔雅

C. 主动热情、细心观察　　D. 举止端庄、不厌其烦

126.（　　）不是衡量一个人是否有道德的重要标准。

A. 为人民服务的人生观　　B. 在处理利益关系时，先公后私

C. 为民族贡献的价值观　　D. 业务水平

127. 食品是指各种供人食用或（　　）的物品，但不包括以治病为目的的药品。

A. 饮用　　B. 观赏

C. 收藏　　D. 交换

128.（　　）是食品卫生学研究的范围。

A. 食品的色、香、味、形　　B. 食品的价格

C. 食品的盛装器皿　　D. 食品中有害因素与人体健康的关系

129. 下列选项中，（　　）不是耐心服务的要求。

A. 解答问题要耐心　　B. 对客人的急需要耐心研究

C. 对待客人要耐心　　D. 化解矛盾要耐心

130. 宾客提出“芙蓉鸡片怎么没有鸡片”这类问题时，服务员应（　　）。

A. 含糊解答　　B. 耐心解答

C. 敷衍了事　　D. 简单回答

131. 餐厅服务员在接待宾客用餐时引发矛盾，应避免（　　），要耐心给客人圆满答复。

A. 急躁情绪　　B. 影响情绪

C. 影响声誉　　D. 打扰领导

132. 服务员对大声喧哗并影响他人用餐的顾客要（　　）。

A. 任其喧哗　　B. 不予理睬

C. 耐心劝阻　　D. 大声提醒

133. 为了避免木塞干化，一般以木塞封口的酒品在存放时应（　　）。

A. 瓶口朝上　　B. 整瓶横放

C. 瓶口朝下　　D. 用金属箔封口

134. 坛装酒由于瓶身易出现砂眼，造成酒液（　　）从而影响酒的质量。

A. 污染　　B. 浑浊

C. 泄漏　　D. 香型改变

135. 在酒水服务中对（　　）酒品一定要做到妥善保管。

A. 特殊　　B. 剩余

C. 饮用频率高　　D. 高档

136. 清洗银器的步骤是（　　）。

A. 冲洗、配药、再冲洗　　B. 冲洗、配药、浸泡、二次冲洗、消毒

C. 浸泡、冲洗、消毒　　D. 配药、浸泡、冲洗

137. 银器应设专柜（　　），由专人负责保管，实行领出收回登记制度。

A. 堆叠存放　　B. 分档存放

C. 摊开存放　　D. 不用分类

138. 玻璃器皿应先用（　　）洗涤消毒，再用清水冲洗。

A. 去油剂　　B. 漂白粉

C. 洗涤灵　　D. 去污粉

139. 玻璃器皿应按（　　）存放。

A. 餐厅具体情况　　B. 饭店规定

C. 不同规格分档　　D. 不同档次一起

140. 服务员对稳重型顾客一定要（　　）。

A. 举止端庄、温文尔雅　　B. 乐于相助

C. 细心周到地服务　　D. 有不厌其烦的态度

141. “服务员，请您……”从这一话语中我们可以确定客人的情绪状态是（　　）。

A. 自然、随和　　B. 野蛮的、要求很高

C. 不耐烦　　D. 高兴、愉快

142. 客人仪表整洁，给人一种（　　）感觉。

A. 体面的　　B. 不舒服的

C. 轻松的　　D. 随便的

143. 人际交往的形式有语言交往形式和（　　）形式两种。

A. 非语言交往　　B. 情感交往

C. 物品交往　　D. 书信交往

144. 瓷器餐具正确的存放方法应该是（　　）。

A. 用物品柜存放　　B. 堆放在洗碗间

C. 堆叠高一些存放　　D. 用餐具专柜分档存放

145.（　　）是台布、餐巾的正确保管方法。

A. 由餐厅负责清洗　　B. 及时清点数字

C. 送洗衣店清洗　　D. 分类保管

146. 下列选项中，（　　）是餐厅常用的棉织品。

A. 化纤台布、餐巾　　B. 小毛巾、台布、餐巾、托盘垫布

C. 麻纱桌裙、小毛巾　　D. 毛料坐垫、小毛巾、软绒消音垫

147. 桌裙的正确洗涤方法是（　　）。

A. 干洗　　B. 用洗涤液洗后再用净水冲

C. 用去油剂泡后用清水洗　　D. 湿洗

148.（　　）是美国人不使用的调味品。

A. 油　　B. 盐

C. 糖　　D. 醋

149. 日本料理的特点是以鱼、虾、贝等鲜活产品为烹调原料，并有（　　）等食用方法。

A. 焗、冷、生、熟　　B. 生、熟、冷、糟

C. 糟、扒、生、冷　　D. 冷、热、生、熟

150（　　）是元宵节之夜的民间活动。

A. 赛龙舟　　B. 赏月

C. 守岁　　D. 猜谜语

151. 发现火情时服务员（　　）的做法是不对的。

A. 自己马上离开现场　　B. 有组织地进行灭火

C. 维护餐厅秩序　　D. 保护餐厅财产

152. 当好宾客参谋，遵守程序并满足宾客用餐的特殊需求，是（　　）的具体要求。

A. 主动服务　　B. 诚实服务

C. 个性化服务　　D. 标准化服务

153. 餐厅服务员的周到服务表现在语言表达、服务态度、用餐照顾等的（　　）。

A. 迎客时　　B. 用餐中

C. 全过程　　D. 道别时

154. 在人际交往过程中，（　　）不需要任何成本，但利润很丰厚。

A. 微笑　　B. 交谈

C. 目光接触　　D. 形体语言

155. 餐厅服务员对客人使用礼貌语言，表现出服务员对宾客的（　　）。

A. 谦虚恭敬　　B. 冷淡漠视

C. 关心爱护　　D. 爱戴尊敬

156. 在就餐服务中劝解酗酒的客人时，可帮助介绍一些（　　）青菜水果，也体现了周到服务。

A. 廉价的　　B. 可口的

C. 昂贵的　　D. 特色的

157. 下雨天，餐厅服务员周到地为客人准备雨伞并接送客人，这是（　　）的体现。

A. 个性服务　　B. 真情服务

C. 超值服务　　D. 就餐服务

158. 服务八字方针对于提高餐厅（　　）和接待水平具有重要作用。

A. 文化　　B. 劳效

C. 信誉　　D. 创造力

159. 客人用餐完毕离开座位时，要使用提醒他们不要忘记带自己的衣物及欢迎再次光临等（　　）。

A. 服务用语　　B. 迎客用语

C. 接待用语　　D. 简单用语

160. 中式早餐清理台面后要求将各种餐具（　　）。

A. 清洗干净备用　　B. 清洗干净烘干

C. 清洗干净码放　　D. 清洗消毒，分档存放

161. 西式早餐餐具摆放要求主叉在左，主刀在右，（　　）放面包盘。

A. 主叉右侧　　B. 主叉左侧

C. 主刀左侧　　D. 主刀右侧

162. 西式早餐中，领位员在客人到达后，要根据客人的（　　），引领入座。

A. 仪表和着装　　B. 人数和需要

C. 服饰和仪态　　D. 人数和着装

163. 西式早餐中，客人一般都饮用（　　），服务员应在宾客入座后马上

提供服务。

A．啤酒　　　　B．红葡萄酒

C．咖啡或红茶　　　　D．白葡萄酒

164．在特殊酒水服务中，服务员应在酒品开封前请（　　）再次确认酒水品牌。

A．服务生　　　　B．值班经理

C．顾客　　　　D．吧台服务员

165．服务员针对不同酒水的特点提供相应的酒水服务，符合（　　）的服务要求。

A．配餐酒水　　　　B．特殊酒水

C．高档酒水　　　　D．外国酒水

166．客人入座后（　）冰镇酒是特殊酒水（　　）之一。

A．斟倒，斟倒方法　　　　B．捧斟，捧斟方法

C．徒手斟，徒手斟方法　　　　D．桌斟，桌斟方法

167．当好宾客参谋是（　　）的具体要求之一。

A．主动服务　　　　B．恭敬服务

C．虔诚服务　　　　D．特殊服务

168．餐厅服务员能否主动为宾客服务将直接影响（　　）。

A．餐厅收益　　　　B．餐厅客源

C．餐厅形象　　　　D．餐厅质量

169．服务员在餐厅服务的（　　）要主动服务，遵守服务程序。

A．全过程中　　　　B．接待时

C．迎客时　　　　D．送客时

170．热情服务要求服务员细心体察宾客需要，自然微笑，（　　）。

A．注重仪表仪容　　　　B．真诚待客

C．坦诚相待　　　　D．有偿待客

171．下列标准中，哪项不符合热情服务中要求的三个“一样”的标准(　　)。

A．生人熟人一样　　　　B．本地外地人一样

C．内宾外宾一样　　　　D．点菜多寡一样

172．（　　）是热情服务标准中，服务员接待本地人和外地人的要求。

A．对外地人热情　　　　B．同样热情

C．对本地人热情　　　　D．对本地人关心备至

173．在接待服务中，无论是内宾还是外宾都要做到（　　），热情服务。

A．买卖公平　　　　B．追求卖点

C．追求高价　　　　D．追求热卖

174．道德主要依靠（　　）来维持。

A. 强制的力量　　B. 专门机关的制定和执行
C. 人们自觉的内心观念　　D. 法律条文

175. 职业道德是指从事一定职业的人，在工作和劳动过程中（　　）。
A. 所形成的操作技能
B. 所应遵循的与其职业活动紧密相连的道德原则和规范的总和
C. 所形成的思维习惯
D. 所掌握的劳动技能

176.（　　）是提高服务质量，改善服务态度的核心。
A. 增加设施设备　　B. 开展技术练兵
C. 加强职业道德建设　　D. 规范服务用语

177. 团结协作是（　　）的具体体现。
A. 形成小集团　　B. 搭建自我展示平台
C. 更注重自我价值　　D. 集体主义观念

178. 下列选项中，（　　）餐巾折花适合大型宴会使用。
A. 统一的花和叶的　　B. 各种鸟类的
C. 各种飞禽的　　D. 形状各异的动物类的

179. 绿色、粉色餐巾适合用在光线（　　）的厅堂。
A. 偏暗　　B. 明亮
C. 很强　　D. 柔和

180. 无论中餐厅还是西餐厅，分菜服务都是餐厅服务员的工作之一，体现服务员的（　　）。
A. 掌握知识　　B. 服务水平
C. 服务潜能　　D. 服务态度

181.（　　）不是分菜服务中的分菜工具。
A. 餐叉、餐刀　　B. 公用筷、汤勺
C. 垫盘、餐巾　　D. 小瓷勺

182. 进行分菜服务时应从（　　）开始。
A. 女士　　B. 第一主人
C. 顺时针方向　　D. 第一主宾

183. 香槟在开瓶时，要用左手斜拿瓶颈并倾斜（　　），右手持酒钳开启。
A. 15°　　B. 30°
C. 45°　　D. 60°

184. 在酒水开启服务中，以转动酒瓶，借助瓶内压力顶出瓶塞的方法开启的酒是（　　）。
A. 葡萄酒　　B. 香槟
C. 威士忌　　D. 白兰地

185. 要用小刀协助开启的酒水是（　　）。

A. 香槟　　B. 二锅头

C. 白酒　　D. 烧酒

186. 香槟开启时，要求（　　）斜拿瓶颈处。

A. 双手　　B. 右手

C. 左手在上，右手在下　　D. 左手

187. 开启香槟时，瓶口的朝向应为（　　）方向。

A. 服务员左手　　B. 服务员右手

C. 天花板　　D. 顾客

188. 开启香槟时，瓶口要朝向服务员右手，起（　　）作用。

A. 消毒　　B. 遮挡

C. 加盖　　D. 保温

189. 特殊酒水斟倒服务要求必须在酒品开封前（　　）后，方可开封进行斟倒服务。

A. 介绍酒品　　B. 宣传酒的特色

C. 推销品牌　　D. 再次确认酒标

190. 由于酒品斟倒标准不同，服务员按照酒品的特点，准确地将酒斟入杯中是服务员必须掌握的正确（　　）。

A. 酒类品牌　　B. 斟酒标准

C. 酒的售价　　D. 酒水分类

191. 肢体语言帮助人们（　　），完成人际交往活动。

A. 传递信息　　B. 揣测

C. 了解对方　　D. 认识对方

192. 礼节是表示尊重的形式要求，礼貌是（　　）。

A. 彼此见面时的一种打招呼的方式　　B. 人的表情

C. 尊重的言行规范　　D. 共同遵守的社会公德

193. 西式早餐领位员要保持正确的站姿在（　　）迎客。

A. 服务台　　B. 雅间

C. 餐厅外　　D. 餐厅门口

194. 西式早餐一般提供（　　）和（　　）两种，供客人选择。

A. 便餐、正式餐　　B. 咖啡服务、早餐

C. 自助餐、零点餐　　D. 便餐、早茶

195. 举办大型宴会，餐巾花要折叠（　　）的花和叶，突出宾主席位。

A. 不同　　B. 各种各样

C. 统一　　D. 异样

196. 按摆放位置分，餐巾折花的类型包括（　　）。

A. 动物类和杯花类　　B. 盘花类和杯花类

C. 鸟类和盘花类　　D. 花卉类和杯花类

197. 适用于祝寿宴会的餐巾折花是（　　）。

A. 比翼双飞　　B. 蟠桃献寿

C. 玫瑰花　　D. 鸳鸯戏水

198. 分菜服务无论是在中餐厅还是在（　　），都反映餐厅的服务水平。

A. 快餐厅　　B. 咖啡厅

C. 西餐厅　　D. 茶艺馆

199. （　　）不包括在说话的艺术里。

A. 穿衣打扮　　B. 使用的言辞

C. 语气声调　　D. 面部表情和手势

200. 餐厅服务员用端托方法展示菜肴时应站在（　　）视线的最佳位置上。

A. 第一主宾　　B. 主人

C. 全体宾客　　D. 副主人

201. 所有客人都希望服务员能（　　）。

A. 对他们给予尊重　　B. 认真倾听

C. 和他们聊天　　D. 缓慢地回答问题

202. 在分菜服务中，餐厅服务员应（　　）地将菜分好并呈送到客人面前。

A. 熟练、美观　　B. 快速、美观

C. 快速、均匀　　D. 美观、均匀

203. 客人在陈述他的投诉情况时，服务员应采取（　　）的处理方式。

A. 耐心倾听，了解事实　　B. 言谈上表示同情

C. 及时修正客人意见　　D. 进一步了解

204. 当顾客对某种食品或饮品感兴趣时，即使不是服务中常规推销的内容，也应立即（　　）。

A. 满足顾客的兴趣　　B. 作出回答

C. 态度诚恳　　D. 传递相关信息

205. 比较注重经济实惠的是（　　）。

A. 高档宴会　　B. 中档宴会

C. 一般宴会　　D. 素食宴会

206. 香槟在（　　）拔出后，酒瓶应保持45°角，以防酒液溢出。

A. 瓶塞　　B. 金箔

C. 金属丝　　D. 酒封

207. 香槟开启前，为了将瓶塞外的金属箔削掉，一般选用（　　）。

A. 钳子　　　　　　　　　　　　B. 小刀

C. 锥子　　　　　　　　　　　　D. 小锤

208. 在特殊酒水服务中，当香槟封瓶的木塞暴露后，应以右手垫着(　　)紧捏住瓶塞的上段。

A. 消毒巾　　　　　　　　　　　B. 湿巾

C. 餐巾纸　　　　　　　　　　　D. 干净的餐巾

209. 中餐厅应根据档次的高低、(　　) 配备各种餐饮用具。

A. 餐位的多少和菜肴的特点　　　B. 餐位的多少和洗碗间的面积

C. 菜肴的特点和餐厅布局　　　　D. 餐具柜的多少和菜肴的特点

210. 按宴会的时间分类，通常适用于安排正式宴会的是（　　）。

A. 早餐　　　　　　　　　　　　B. 午餐

C. 晚餐　　　　　　　　　　　　D. 夜餐

211. 盛装小吃、点心时应选择的盘是（　　）。

A. 斗盘　　　　　　　　　　　　B. 鱼盘

C. 平盘　　　　　　　　　　　　D. 腰圆盘

212. 早餐前环境准备包括：餐台、餐椅摆放整齐无损坏，（　　），环境整洁。

A. 台花摆放标准　　　　　　　　B. 餐具摆放标准

C. 水杯摆放标准　　　　　　　　D. 台布铺放标准

213. 餐厅清洁卫生包括：清洁环境、(　　)、清洁桌椅。

A. 清洁地面　　　　　　　　　　B. 清洁餐饮用具

C. 清洁环境物品　　　　　　　　D. 清洁物料包装

214. 中式早餐开餐前应准备好餐具、佐料和（　　）。

A. 摆台用品　　　　　　　　　　B. 服务用品

C. 消毒用品　　　　　　　　　　D. 茶具用品

215. 中式早餐开餐前，将与平日不同的菜肴写在通知板上，内容顺序（　　）。

A. 随时调整　　　　　　　　　　B. 随意调换

C. 经常变换　　　　　　　　　　D. 要有规律

216. （　　）的习惯流行于我国南方。

A. 餐前用汤　　　　　　　　　　B. 餐前喝奶茶

C. 餐前敬酒　　　　　　　　　　D. 餐前饮茶

217. 开茶服务的方法是：按需开茶、(　　)，在客人右侧斟茶。

A. 右手下垂，左手执壶　　　　　B. 左手在前，右手在后

C. 左手下垂，右手执壶　　　　　D. 右手在前，左手在后

218. 进行中式早餐开餐服务时，在宾客确定菜点后，服务员要迅速开单，并签上自己的（　　）。

A. 姓名或工号　　B. 桌号
C. 姓名和桌号　　D. 餐单号

219.（　　）服务员要向客人道谢。
A. 客人进店后　　B. 菜品上齐时
C. 客人结账后　　D. 送客时

220. 按宴会的（　　）划分，有庆祝宴会、欢迎宴会、欢送宴会和祝寿宴会。
A. 规格　　B. 目的
C. 时间　　D. 餐别

221. 中式早餐清理台面动作要求（　　）。
A. 到位　　B. 准确
C. 轻、稳　　D. 快、粗

222. 按（　　）划分，宴会可分为素食宴会和清真宴会。
A. 宗教饮食习俗　　B. 目的
C. 餐别　　D. 规格

223. 宴会是为了表示欢迎、答谢、祝贺、欢庆而举行的一种隆重的、正式的（　　）。
A. 旅游活动　　B. 娱乐活动
C. 餐饮活动　　D. 社交活动

224. 感官鉴定是（　　）对食品的感官性状进行鉴定，从色、香、味、形四个方面和正常食品进行对比鉴别。
A. 理化指标　　B. 人们的感觉器官
C. 在实验室进行检验　　D. 对食品微生物进行检验后

225. 在食品中加入了与原有食品的形状、（　　）相似的杂物，属掺杂食品。
A. 大小　　B. 颜色
C. 口味　　D. 产地

226.（　　）称为食品污染。
A. 在食品中添加没有营养价值的物质
B. 有毒有害物质进入正常食品，对人体健康构成威胁
C. 从原有食品中抽去营养成分，降低原有食品的质量
D. 食品成分以次充好

227. 宴会前服务员要做到“八知”，其中之一是（　　）。
A. 知客人的饮食习惯　　B. 知宾主身份
C. 知客人口味爱好　　D. 知入住日期

228. 食物中毒的特点除潜伏期短、发病急剧、病程较短和停止食用中毒食

品后，发病很快停止外，还包括（　　）。

A．没有人与人之间的直接传染　　B．存在人与人之间的接触传染

C．存在人与人之间的唾液传染　　D．像肠道传染病那样连续发病

229．要根据宴会的桌数、人数及（　　）准备各种需用物品。

A．日期　　B．菜单的内容

C．宴会的规格　　D．场地的大小

230．宴会摆台应在开席前（　　）进行。

A．2 小时　　B．1 小时

C．半小时　　D．3 小时

231．续斟冰镇酒水时，酒温以（　　）为宜，从而保证最佳饮用温度。

A．室温　　B．最低温度

C．杯中相同温度　　D．恒温

232．斟倒冰镇啤酒时，要在客人（　　）进行酒水服务。

A．餐前　　B．到餐厅后

C．开餐时　　D．入座后

233．从事餐厅插花工作的服务员应掌握花的品种和（　　）的基本知识。

A．原料　　B．形式

C．造型　　D．种类

234．服务员应在宾客到达前，站在（　　）迎接客人。

A．餐厅门口　　B．就餐台边

C．餐厅里面　　D．餐厅外面

235．特殊酒水斟倒程序要求正确选用饮酒用具，（　　）不是其中的用具。

A．加温器　　B．冰桶

C．起子　　D．餐巾

236．俄式西餐对分菜技术要求较高，分菜时要使用（　　）的餐叉、餐勺。

A．银制　　B．不锈钢制

C．铜制　　D．合金制

237．消毒柜要经常清洗，保持洁净无污垢，不用时要（　　）。

A．关好门　　B．用电吹风吹干

C．开门风干　　D．用干布抹干

238．服务中最常见的礼节是握手礼节和（　　）。

A．鞠躬礼节　　B．脱帽礼节

C．敬礼礼节　　D．拥抱礼节

239．服务员与客人交谈时，应做到（　　）。

A．声音洪亮、频率稍快　　B．语言标准、速度越慢越好

C. 使用方言、音量适中、语速适当 D. 语言标准、音量适中、语速适当

240. 服务员正确站姿的要领之一是（　　）。

A. 直腰挺腹　　B. 直腰收腹

C. 微扬下颌　　D. 两腿相靠微弯

241. 女服务员站立时，双脚呈 V 字形，脚尖（　　），双膝和脚后跟要靠紧。

A. 打开的距离为 5 厘米　　B. 宽度与肩同宽

C. 打开的距离为 20～25 厘米　　D. 张开的宽度随意

242. 服务员上岗着装的要求是：服装平整，纽扣系齐，不得卷裤脚，（　　）。

A. 不准穿背心、短裤　　B. 不准穿布鞋

C. 不准穿皮鞋　　D. 不准系领结

243. 不符合引位要领的姿态是（　　）。

A. 前臂自然上抬伸直

B. 眼睛看着客人

C. 掌心向上，四指并拢，大拇指张开

D. 上身前倾

244. 清洁制冰机要求（　　）才能恢复制冰工作。

A. 机内无异味、无杂物，机外整洁干净

B. 机内壁干净、无异味，机外整洁干净

C. 机内无杂物，机外干净

D. 机内壁干净，玻璃窗户干净

245.（　　）是服务员在引领客人时的要求。

A. 遇拐弯处稍停并伸手示意

B. 服务员只管在前面带路，无须照顾客人

C. 遇到台阶为照顾客人，服务员让客人先走

D. 无论是迎客还是送客，服务员始终走在前面

246. 微笑服务的意义之一是，它是一种（　　）。

A. 操作技能　　B. 个人习惯

C. 无声的礼貌语言　　D. 提高菜肴质量的方法

247. 甜美微笑的要求是（　　）。

A. 发出“哈哈”的笑声　　B. 嘴巴张开，牙齿暴露在外

C. 嘴巴张大呈弧形　　D. 嘴角的两端均向上翘起

248. 宴会上应先上冷盘，以后的菜（　　）上。

A. 按顺序　　B. 不用按顺序

C. 看情况　　D. 快速

249. 高级宴会应上（　　）菜换一次餐碟。

A. 1道　　B. 2道
C. 3道　　D. 4道

250. 罐装酒品在日常保管中应（　　）。
A. 开口朝上　　B. 整瓶横放
C. 开口朝下　　D. 整瓶倒放

251. 宴会准备结账的时间应在（　　）后。
A. 上完水果　　B. 客人准备走
C. 上完最后一道菜　　D. 客人叫结账

252. 服务员清理台面时应按（　　）进行。
A. 顺序　　B. 规程
C. 时间　　D. 轻重

253. 日常酒水保存时，不同酒水瓶口朝向不同，（　　）瓶口朝上，（　　）瓶口朝下。
A. 葡萄酒，罐装酒　　B. 干邑酒，汽酒
C. 木塞封酒，啤酒　　D. 罐装酒类，木塞封酒类

254.（　　）不属于食品验收时要检查的。
A. 食品的卫生状况　　B. 票记与食品批号是否相符
C. 食品的销售方式　　D. 食品的数量

255. 肉类若长期保存，冷藏的温度应为（　　）。
A. －4℃左右　　B. －10℃～－7℃
C. －15℃～－10℃　　D. －18℃以下

256. 客人要求退菜，如果是菜肴质量问题，应（　　）。
A. 无条件退菜　　B. 考虑给予退菜
C. 答复不能退菜　　D. 答复客人稍等

257.（　　）符合餐饮业对服务员个人卫生的要求。
A. 双手只有小拇指留长指甲　　B. 涂白色指甲油
C. 留短发　　D. 梳披肩发

258. 客人用餐时，不慎将酒杯碰翻使酒水流淌，服务员应（　　），并及时用干餐巾将台布上的酒水吸去，然后用干净的干餐巾铺垫在湿处，同时换酒杯，斟好酒水。
A. 问候客人　　B. 抚摸客人
C. 安慰客人　　D. 责备客人

259. 对患病客人的服务要（　　）、迅速、妥帖。
A. 镇静　　B. 紧张
C. 主动　　D. 适当

260. 餐厅经理的上级是（　　）。
A. 总经理　　B. 餐饮部经理

C. 副总经理　　D. 行政总厨

261. 处理客人遗留物品做法正确的是（　　）。

A. 据为己有　　B. 报告总经理

C. 马上还给失主　　D. 通知失主交保管费后取走

262. 餐厅服务员使用各种机器设备时规范操作的要求是（　　）。

A. 可带电作业　　B. 工作中发现隐患及时报告

C. 无须批准可直接启动各种设备　　D. 发现可疑情况自己处理

263.（　　）是西餐宴会上菜服务的原则。

A. 先女宾、主人、最后男宾　　B. 先主后宾、按座次顺序

C. 先宾后主、女士优先　　D. 男主宾、女主宾、主人

264. 下列不属于个人卫生“四勤”要求的是（　　）。

A. 勤化妆　　B. 勤剪指甲

C. 勤换衣服　　D. 勤换洗工作服

265. 餐厅副经理的工作内容包括协助餐厅经理完成（　　）的任务。

A. 摆台　　B. 经营指标

C. 送客　　D. 清洁卫生

266.《中华人民共和国食品卫生法》于（　　）10 月 30 日公布实施。

A. 1985 年　　B. 1990 年

C. 1995 年　　D. 1998 年

267. 餐厅领班的岗位职责是有效地（　　）本组服务员，优质高效地完成各项餐饮服务。

A. 督导　　B. 协助

C. 帮助　　D. 指挥

268. 酒水员负责为客人（　　），准备酒篮和酒桶。

A. 订菜单　　B. 介绍菜牌

C. 订酒水　　D. 斟酒水

269. 餐厅服务员在服务工作中要按标准换台布，（　　），清洁餐厅桌椅、用具等。

A. 预订　　B. 接听电话

C. 摆台　　D. 传菜

270. 下列用语不属于客人进入餐厅时的招呼用语的是（　　）。

A. 欢迎光临　　B. 请您稍候

C. 请跟我来　　D. 对不起，让您久等了

271. 广东人的饮食特点是菜肴（　　）。

A. 清淡少油，重色彩，讲味道　　B. 咸、鲜、麻、辣、浓

C. 口味稍重，油多，偏咸　　D. 口味清淡，香脆

272.（　　）是回族人喜欢食用的食品。

A．无鳞的鱼类　　B．牛、羊、鸡、鸭肉

C．动物血液　　D．马、狗肉

273．傣族人喜欢的口味为（　　）。

A．香甜和微苦　　B．酸辣、甜味

C．苦、辛辣和香味　　D．酸、辛辣和香味

274．英国人认为一天中（　　）是最重要的正餐。

A．早餐　　B．午餐

C．晚餐　　D．下午茶

275．吸尘器按照操作原理及构造大致可分为（　　）大类。

A．两　　B．三

C．四　　D．五

276．在分拆烤乳猪时，其（　　）要始终保持完整。

A．头部　　B．颈部

C．腿部　　D．胸部

277．在整形菜肴的拆分服务中，一般烤羊腿是（　　），而炸羊腿则是（　　）。

A．带骨、脱骨　　B．脱骨、带皮

C．横斩、带骨　　D．竖切、去皮

278．龙虾制成的菜肴有多种，如龙虾刺身，这是一道（　　）。

A．宫廷菜　　B．传统菜

C．造型菜　　D．整形菜

279．分整鱼时，服务员展示菜肴后将鱼转至分菜处使鱼头朝（　　）鱼尾朝（　　），当着宾客的面进行拆分。

A．右、左　　B．左、右

C．上、下　　D．前、后

280．下列选项中，（　　）是本式菜单的特点。

A．根据不同季节，公布不同菜品内容

B．广泛灵活，方便客人阅读

C．在固定位置装固定形式菜牌

D．根据每天变化，调整单个菜牌

281．下列选项中，（　　）不是八字服务的基本要求。

A．主动　　B．大度

C．热情　　D．耐心

282．经营快餐的餐厅，顾客就餐座椅原则上应以舒适、小巧为主，多采用（　　）种规格的餐台。

A．1～2　　B．2～4

C．2～3　　D．1～3

283. 传统的中式酒具以（　　）为主。

A. 瓷质　　B. 玻璃

C. 金属　　D. 陶质

284. 餐厅服务员是（　　）的代表。

A. 企业形象　　B. 个人形象

C. 公众形象　　D. 共同形象

285. 中餐厅餐具、用具中的电茶炉、鲜啤酒机属于（　　）。

A. 家具　　B. 基本用具

C. 大型设备和家具　　D. 大型设备

286. 西餐中竹质酒篮用于服务（　　）。

A. 红葡萄酒　　B. 白葡萄酒

C. 香槟　　D. 威士忌

287. 在（　　）的情况下，服务员应主动进行分菜服务。

A. 客人进餐速度慢　　B. 吃名贵的菜肴及汤类

C. 进餐当中出现拘谨场面　　D. 撤换剩余的一道菜

288. 生人熟人一样、内宾外宾一样、本地人外地人一样是（　　）要求做到的。

A. 热情服务　　B. 等价交换

C. 有偿服务　　D. 增值服务

289. 餐厅服务员每天接待不同的客人，应做到（　　）。

A. 生人熟人一样热情　　B. 生人熟人一样冷淡

C. 同事游客一样招待　　D. 朋友游客一样关心

290. 在举行隆重大型的宴会时，为增加宴会隆重、盛大、热烈的气氛，要（　　）。

A. 安排绿化　　B. 清除绿地

C. 安排喜庆照明　　D. 安排色彩装饰

291. 在耐心服务的要求中，不包括（　　）。

A. 良好的道德修养　　B. 恰当理智的处事方法

C. 耐心化解矛盾　　D. 快捷准确的服务程序

292. 中餐宴会厅的签到台、礼品台通常都要摆放在（　　）。

A. 靠近餐厅门口的位置　　B. 餐厅里面

C. 大门外　　D. 显眼处

293. 大型宴请活动（特别是冬、春两季）应在离（　　）不远的地方设置衣帽间。

A. 宴会厅　　B. 大门口

C. 客厅　　D. 门口

294. 餐厅服务员在与客人之间发生一些服务矛盾时，应及时解决，错误的选项是(　　)。

A. 找出矛盾症结，及时解决　　B. 多从自己身上找原因并解决

C. 多为客人利益着想，予以解决　　D. 必须争论谁是谁非，然后再解决

295. 西餐厅大型坐式宴会应设立（　　）个酒吧。

A. 1　　B. 2

C. 3　　D. 多个

296. 超常服务周到，就餐服务周到，服务语言周到是周到服务的（　　）。

A. 具体形式　　B. 具体要求

C. 具体标准　　D. 具体水平

297. 关于宴会厅餐桌，正确的选项是（　　）。

A. 应根据餐厅的形状、室内的陈设和特点、主办单位对宴会的要求及就餐人数来安排

B. 应根据业务情况、餐厅陈设和特点来安排

C. 应根据就餐人数、宴会标准来安排

D. 应根据主办单位对宴会的要求及订餐标准来安排

298. 举办单桌宴会时，凉菜可在客人（　　）上。

A. 到达前 15 分钟　　B. 到达前 10 分钟

C. 到达前 5 分钟　　D. 入席时

299. 鸡尾酒会中的（　　）作为重点布局项目，摆设要美观。

A. 服务台　　B. 食品台

C. 餐台　　D. 吧台

300. 下列选项中，（　　）是安排多桌宴会位次和桌次常用的方法。

A. 到餐厅后问服务员　　B. 印在请柬上

C. 摆在餐台上　　D. 贴在宴会厅门外

301. 宴会的物品配备除各种餐具、餐台外，还要有（　　），以适应顾客的不同需求。

A. 其他物品、设备　　B. 其他物品

C. 其他演出设备　　D. 视听设备

302. 大型舞台、小型舞台、舞池、乐台等属于宴会厅设备配备中的（　　）设备。

A. 视听　　B. 演出

C. 展览　　D. 演出及展览

303.（　　）不适合在低温下备用。

A. 可乐　　B. 白酒

C. 汽水　　D. 红茶

304. 宴会装饰物品有各种工艺品、艺术雕刻、（　　）等。

A. 装饰画、装饰画屏、花盆　　B. 装饰画、装饰画屏、花架

C. 装饰画、花盆、花架　　D. 装饰画屏、花盆、花架

305. 服务质量包括从业人员质量、服务项目质量、餐厅卫生与清洁质量、(　　)以及保证服务质量的督导方法。

A. 领导方法　　B. 工作计划

C. 员工工作质量　　D. 任务指标

306. 企业管理者根据客人的需要而制定出的各项服务程序与标准是保证(　　)的关键。

A. 营业收入　　B. 服务质量

C. 工作顺利进行　　D. 客源

307. 小毛巾的洗涤程序是(　　)。

A. 清水泡，用毛巾液洗，漂白剂洗涤，清水冲洗后消毒

B. 用洗洁精洗，清水冲洗后消毒

C. 用毛巾液洗，再用漂白剂洗，冲净

D. 清水泡，洗衣粉洗，消毒后再冲

308. (　　)是确定员工工作质量是否达到标准的重要依据。

A. 能否按领导要求做　　B. 客人对服务是否满意

C. 能否按服务程序去做　　D. 能否完成工作量

309. 对在职员工的培训与辅导的关系是(　　)。

A. 培训重于辅导　　B. 互补进行，缺一不可

C. 培训是辅导的前提　　D. 同时进行

310. 培训共分为五部分，即培训需求分析、制订培训计划、实施培训、(　　)、不断辅导。

A. 考核　　B. 评估

C. 操练　　D. 模拟学习

311. 以元红酒为基础精制而成的中国名酒是(　　)。

A. 竹叶青酒　　B. 加饭酒

C. 汾酒　　D. 孔府家酒

312. 开茶的服务方法是：(　　)，左手下垂，右手执壶，在宾客右侧斟茶。

A. 因人开茶　　B. 按需开茶

C. 主动开茶　　D. 餐前开茶

313. 在客人用餐时，服务员要(　　)，照顾到客人各方面的要求。

A. 勤询问　　B. 勤介绍

C. 勤分餐　　D. 勤巡视

314. 在分菜服务前，应将分菜所用的菜叉、菜勺按(　　)准备好。

A. 客人的人数　　B. 菜肴的道数配套

C. 使用要求　　D. 菜肴的特色配套

315.（　　）是喝加饭酒用的杯具。
A. 药酒杯　　B. 黄酒杯
C. 白酒杯　　D. 果酒杯
316.（　　）是西餐厅普遍使用的杯具。
A. 玻璃酒杯　　B. 瓷质酒杯
C. 紫砂酒杯　　D. 金制酒杯
317. 烟台红葡萄酒为（　　）度。
A. 13.5～14.5　　B. 14.5～15.5
C. 15.5～16.5　　D. 16.5～17.5
318. 山东黄酒酿造的主要原料是（　　）。
A. 小米　　B. 玉米
C. 糯米　　D. 黍米

二、判断题

1.（　　）"饮茶之风历来很盛行"是山西人的饮食特点。
2.（　　）炸薯条是四川人餐桌上离不开的小菜。
3.（　　）客人结账后，服务员应向客人热情道谢。
4.（　　）餐具洗消工序分为四道，第一道工序为净水冲。
5.（　　）讲礼貌有助于缓解矛盾，避免冲突。
6.（　　）为顾客提供余酒保管服务时要重新封瓶并注明顾客姓名。
7.（　　）在酒水的日常保管过程中，罐装酒与木塞封酒保管温度不同。
8.（　　）将位次和桌次印在请柬上，这种做法往往体现于多桌宴会。
9.（　　）法式宴会要求环境富丽堂皇，服务迅速。
10.（　　）香槟开启时，可以用锥子将其酒封上的金属丝弄断。
11.（　　）服务员要正确掌握斟酒标准，针对不同的酒品，执行不同的斟倒标准。
12.（　　）罐装酒品在日常保管过程中应注意瓶口朝上，放置于低温处保存。
13.（　　）为增加餐厅的营业收入，服务员应多向客人推销高价菜肴。
14.（　　）盛装小吃、点心用平盘。
15.（　　）古尔邦节又称宰牲节。
16.（　　）餐巾折花有盘花和杯花两大类型。
17.（　　）餐巾折花中，仙鹤、蟠桃献寿、老树新芽等用于寿宴。
18.（　　）传菜员将菜品由厨房送到前台，看台服务员应将菜品呈上餐桌展示并介绍特点。
19.（　　）法式西餐分菜服务侧重于分切技术，因此必须配备服务车、分割切板等。

20. (　　) 宴会厅餐桌可以根据就餐人数和餐厅业务情况安排。
21. (　　) 服务员上岗时可戴手表、手镯和手链。
22. (　　) 周到的超常服务是周到服务的具体要求之一。
23. (　　) 开斋节在我国新疆地区称为肉孜节。
24. (　　) 使用煤气/天然气，要严格遵守“气等火”的操作规程。
25. (　　) 在餐厅服务过程中，要尽可能多地提供超值服务，从而使宾客满意，提高行业竞争力。
26. (　　) 餐厅清洁卫生工作只需做好地面清洁，其余内容不重要。
27. (　　) 肉夹馍是北京小吃。
28. (　　)“夏天吃火锅”是四川人的一大饮食特色。
29. (　　) 用语文明、尊重客人是礼貌待客的要求之一。
30. (　　) 服务员上岗时不能佩戴任何饰物，包括手表。
31. (　　) 内心信念是指人们对某种观点、原则、理想的真诚信仰。
32. (　　) 食品是指各种供人食用或饮用的物品。
33. (　　) 中式早餐开餐前，不需要准备工作，只要搞好环境卫生即可。
34. (　　) 绿色餐巾适合用在光线明亮的厅堂。
35. (　　) 餐厅服务员为宾客提供分菜服务时应遵守先女士后男士的分菜顺序。
36. (　　) 在分菜服务中，汤类菜肴应注意先分配汤汁和辅料，再均匀分派主料。
37. (　　) 食品应存放于冰箱中，成品与半成品要分开。
38. (　　) 餐碟在客人用餐过程中用量最大，因此应多准备一些。
39. (　　) 唇膏的选用要与肤色相配，肤色较白的人选择偏红色。
40. (　　) 道德是处理人与人之间各种关系的一种特殊的行为规范。
41. (　　) 市场经济条件下，应该树立多转行、多学知识、多长本领的择业观念。
42. (　　) 开拓创新需要知识和人才。
43. (　　) 没有自我牺牲的奉献精神就没有集体效益。
44. (　　) 个人卫生制度对服务员指甲的要求是女服务员可留长指甲。
45. (　　) 服务员坚持“四勤”是个人卫生制度的要求。
46. (　　) 美国人烹制菜肴时喜欢加醋。
47. (　　) 分切奶酪服务时，服务员应向客人展示奶酪盘，供宾客选择，宾客选定后才能分切。
48. (　　) 法国人吃饭时讲究菜肴与酒搭配，朗姆酒多用于餐后饮用。
49. (　　) 法律与道德的不同点之一是法律的作用范围是有限的。
50. (　　) 服务质量的好坏可通过服务态度体现，与职业道德无关。
51. (　　) 餐饮服务出现于用火烹饪的文明时代。

52.（　　）露露、椰汁、汽水等无论四季都要冷饮，不能加热。

53.（　　）一般餐厅都在使用桌裙餐桌的铺台方法。

54.（　　）浓厚、清香、咸、甜、苦、辣等是中餐复合味型。

55.（　　）1.2 米是餐桌距四周墙壁的距离。

56.（　　）常见的西餐宴会的台型有一字形、T 字形、回字形、鱼骨形等。

57.（　　）灭菌是杀灭环境中所有微生物的技术。

58.（　　）牛奶的消毒方法最好是采用红外线灭菌法。

59.（　　）为避免木塞干化，木塞封酒类多存放于阴湿低温的环境中。

60.（　　）酒水在日常保管时一定要注意其保质期，其他方面均可忽视。

61.（　　）香港人口味清淡，不爱吃酸辣。

62.（　　）青稞酒是藏民过节必备的饮料。

63.（　　）朝鲜族人常以狗肉招待客人。

64.（　　）食品制售卫生要求之一是必须有防尘、防鼠、防蝇设施。

65.（　　）易燃易爆物品切勿携带进餐厅。

66.（　　）衣帽间存取衣帽应有存取手续。

67.（　　）茶具、酒具消毒时应使用浓度为 3‰～5‰的含氯制剂浸泡 10 分钟。

68.（　　）日本料理也是西洋料理。

69.（　　）牛奶的巴氏消毒法就是煮沸消毒法。

70.（　　）没有注明生产日期的食品也应视为过期食品。

71.（　　）质次价廉物质掺入正常食品，称为食品污染。

72.（　　）食品入库验收时主要检查食品的数量和卫生状况。

73.（　　）台前托让式是法式宴会的上菜方式。

74.（　　）为满足宾客饮用特殊酒水的需求，服务员应提供统一的服务。

75.（　　）对客人的遗留物品能自己处理的就不用向上级汇报。

76.（　　）餐厅服务员在接待不同客人时应做到生人熟人一样热情。

77.（　　）道德主要依靠法律手段来维持。

78.（　　）用于食品，食品用工具、设备的洗涤剂和消毒剂只要价格合理就可选用。

79.（　　）穿工服、纽扣系好是服务员的上岗着装要求之一。

参考答案

一、单项选择题

1. A　2. A　3. C　4. D　5. A　6. B　7. A　8. D　9. D
10. D　11. D　12. C　13. D　14. C　15. A　16. D　17. C　18. C
19. A　20. C　21. A　22. D　23. A　24. A　25. A　26. C　27. B
28. B　29. A　30. B　31. A　32. C　33. B　34. D　35. A　36. B

37．B　38．A　39．A　40．A　41．B　42．D　43．B　44．B　45．A
46．D　47．B　48．B　49．D　50．B　51．C　52．B　53．C　54．D
55．A　56．C　57．C　58．A　59．A　60．B　61．B　62．C　63．B
64．C　65．A　66．A　67．A　68．A　69．C　70．A　71．C　72．A
73．C　74．A　75．A　76．D　77．B　78．C　79．A　80．B　81．A
82．A　83．A　84．B　85．B　86．A　87．A　88．B　89．A　90．B
91．B　92．A　93．B　94．C　95．C　96．B　97．A　98．C　99．C
100．D　101．D　102．A　103．A　104．A　105．B　106．D　107．D　108．D
109．A　110．B　111．D　112．D　113．D　114．B　115．B　116．C　117．B
118．A　119．C　120．D　121．B　122．C　123．A　124．A　125．A　126．D
127．A　128．D　129．B　130．B　131．A　132．C　133．C　134．C　135．B
136．B　137．B　138．C　139．C　140．A　141．A　142．A　143．A　144．D
145．D　146．B　147．A　148．D　149．D　150．D　151．A　152．C　153．C
154．A　155．A　156．B　157．B　158．C　159．A　160．D　161．B　162．B
163．C　164．C　165．C　166．C　167．A　168．C　169．A　170．B　171．D
172．B　173．A　174．C　175．B　176．C　177．D　178．A　179．B　180．B
181．D　182．D　183．C　184．B　185．A　186．D　187．B　188．B　189．D
190．B　191．A　192．C　193．D　194．C　195．C　196．B　197．B　198．C
199．A　200．A　201．A　202．C　203．A　204．A　205．C　206．A　207．B
208．D　209．A　210．C　211．C　212．B　213．B　214．B　215．D　216．A
217．C　218．C　219．C　220．B　221．C　222．A　223．C　224．B　225．B
226．B　227．B　228．A　229．B　230．B　231．B　232．D　233．C　234．A
235．C　236．A　237．C　238．A　239．D　240．B　241．C　242．A　243．B
244．A　245．A　246．C　247．D　248．A　249．A　250．A　251．A　252．A
253．D　254．C　255．C　256．A　257．C　258．C　259．A　260．B　261．C
262．B　263．C　264．A　265．B　266．C　267．A　268．C　269．C　270．D
271．A　272．B　273．D　274．C　275．B　276．A　277．A　278．C　279．B
280．B　281．B　282．C　283．A　284．A　285．C　286．A　287．B　288．A
289．A　290．A　291．D　292．A　293．A　294．D　295．B　296．B　297．A
298．D　299．D　300．B　301．D　302．D　303．B　304．D　305．C　306．B
307．A　308．B　309．B　310．B　311．B　312．B　313．D　314．B　315．B
316．A　317．C　318．D

二、判断题

1．×　2．×　3．√　4．√　5．√　6．√　7．√　8．√　9．×
10．×　11．√　12．√　13．×　14．√　15．√　16．×　17．√　18．√
19．√　20．√　21．×　22．√　23．√　24．√　25．√　26．×　27．×
28．√　29．√　30．×　31．√　32．√　33．×　34．√　35．×　36．√

37. √ 38. √ 39. × 40. √ 41. × 42. √ 43. √ 44. × 45. √
46. × 47. √ 48. √ 49. √ 50. × 51. √ 52. × 53. × 54. √
55. √ 56. √ 57. × 58. √ 59. × 60. × 61. √ 62. √ 63. √
64. √ 65. √ 66. √ 67. × 68. × 69. × 70. √ 71. × 72. ×
73. √ 74. × 75. × 76. √ 77. × 78. × 79. √

模块二　操作技能

【试题1】中餐宴会摆台

表3－2－1　中餐宴会摆台考核用具

序号	名称	规格	单位	数量	备注
1	中餐厅		间	1	
2	中餐圆台	直径160厘米	张	1	
3	中餐圆台台布		块	1	
4	工作台		张	1	
5	工作台台布		块	1	
6	餐椅		把	8	
7	托盘		个	2	
8	托盘垫布		块	2	
9	瓷制大盘		个	1	折餐巾花用
10	中国红葡萄酒		瓶	1	
11	茅台酒瓶		个	1	
12	餐巾		块	1	擦瓶口用
13	餐碟		个	10	
14	勺垫		个	8	
15	瓷勺		把	8	
16	红酒杯		个	8	
17	白酒杯		个	8	
18	筷子架		个	8	
19	筷子		双	10	
20	公用勺	不锈钢	把	2	
21	牙签盅		个	2	
22	水杯		个	8	
23	烟灰缸		个	4	
24	漏斗		个	2	
25	消毒棉		块	1	
26	秒表		个	1	

说明：鉴定机构在实施考核时应做好如下准备：

（1）考场设在正规的中餐厅或等同于正规中餐厅的模拟餐厅，要求光线充足、房间整洁、地面干净。

（2）考生进入考场前，应将餐台摆放好，将餐椅按 8 人餐位摆放于餐台的四周。

（3）将摆台所需物品摆在工作台上，做到摆放合理、有序、整齐、规范。

（4）考场准备表中所列物品，仅限 1 名考生使用，鉴定机构应视考生实际人数，多备 20%。

【试题 2】炒菜分派

表 3－2－2　炒菜分派考核用具

序　号	名　称	规　格	单　位	数　量	备　注
1	考场		间	1	
2	中餐圆台	直径 180 厘米	张	1	
3	中餐圆台台布	一次性	块	1	
4	工作台		张	1	
5	转盘		套	1	
6	餐椅		把	10	
7	餐巾		块	2	
8	托盘、分菜叉、分菜勺		套	1	
9	餐碟		个	10	
10	清炒时蔬		盘	1	
11	消毒棉		块	1	
12	秒表		个	1	

注：①时蔬：刀工在丁、丝、片中任选一种；②时蔬品种：任选时令菜一种；③以上均由鉴定机构指定。

说明：鉴定机构在实施考核时应做好如下准备：

（1）考场设在正规的中餐厅或等同于正规中餐厅的模拟餐厅，要求光线充足、房间整洁、地面干净。

（2）在考生进入考场前，应将餐台摆放好，置于餐厅中央，餐台平稳无晃动，摆放合理。

（3）将所需餐椅按 10 人餐位摆放于餐台的四周，使之呈“三三二二”状。

（4）将一次性台布打开，平整地铺放在餐台上，将转盘摆放到餐台的中央。

（5）表中所列物品，仅限1名考生使用，鉴定机构应视考生实际人数，多备20%。

【试题3】菜单编制

表3-2-3　菜单编制考核用具

序号	名称	规格	单位	数量	备注
1	教室	能容纳考生	间	1	
2	课桌		张	据考生数定	
3	座椅		把	据考生数定	
4	试卷		份	据考生数定	
5	秒表		个	1	

【试题4】综合服务能力

（1）考场准备：口试室1间，办公桌1张，座椅3把，秒表1个。

（2）鉴定机构准备：

将装有口试试题及相应答案的加封信封若干个摆放在办公桌上（每个信封中只有两道口试试题及相应答案）。

餐厅服务员（中餐服务）中级操作技能

考卷编号：

注意事项

一、本试卷依据 2001 年颁布的《餐厅服务员》国家职业标准命制。

二、请根据试题考核要求，完成考试内容。

三、请服从考评人员指挥，保证考核安全顺利进行。

【试题 1】中餐宴会摆台

考试试题：中餐宴会摆台。

本题分值：60 分。

考核时间：15 分钟。

具体考核要求：

（1）在规定时间内，独立、规范地完成 8 人餐位中餐宴会摆台。

（2）摆台前，双手进行消毒。

（3）站在副主位的餐椅处抖铺台布。

（4）摆放餐饮用具，用托盘按顺序托摆。

第一托：餐碟 8 个、勺垫 8 个、瓷勺 8 把。

第二托：红酒杯 8 个、白酒杯 8 个。

第三托：筷子架 8 个、筷子 10 双、公用碟 2 个、公用勺 2 把、牙签盅 2 个。

第四托：水杯 8 个（并摆放好折叠成形的餐巾花）、烟灰缸 4 个，根据客人要求，按规范摆放。

（5）折叠餐巾花前要双手消毒。

（6）餐椅从第一主人位处按顺时针方向依次摆放，双手端送，轻拿轻放。

（7）斟酒：从第一客人处开始斟第一杯酒，先斟红酒，再斟白酒，酒斟八分满。

（8）摆放餐巾花名签。

（9）操作完毕，举手示意。

否定项说明：若考生出现下列情况（之一），则应立即终止考试，该题记为零分。

（1）未使用托盘，徒手操作。

（2）操作出现严重失误，包括托盘扣翻、酒瓶打碎等。

【试题 2】炒菜分派服务

考试试题：在中餐宴会中，有清炒时蔬一盘，用餐宾客 10 位，请考生按中餐分菜服务标准和要求，在餐台进行分派服务。

本题分值：10 分。

考核时间：5 分钟。

具体考核要求：

（1）从第一主人位开始，将餐椅围好。

（2）双手消毒，将分菜所需物品摆放整齐。

（3）将菜品端至宾客面前，报菜名，介绍菜品，进行展示，绕台转一周后，端下餐台逐位分派。

（4）在餐台分派炒菜时，用右手握住餐勺、餐叉的手柄，餐叉在上，餐勺在下，勺心向上，用五个手指配合控制。

（5）按照“先宾后主”的要求以顺时针方向依次分送。

（6）做到分派均匀，盘中有余留。

（7）分派动作娴熟，盘菜摆放规范，菜品无掉洒，台面、周围环境干净整洁。

（8）在规定时间内完成。

（9）操作完毕，举手示意。

否定项说明：若考生出现下列情况（之一），则应立即终止考试，该题记为零分。

（1）菜盘打碎、扣翻。

（2）菜品洒落在宾客的餐椅上。

（3）逆时针分派菜品。

【试题 3】菜单编制

考试试题：××年××月××日，××公司在本市一家酒店宴请××地区的客户，人数 10 人，订餐标准为每位 70 元（酒水除外）。

表 3－2－4　菜单编制

姓名：

<table>
<tr><td>主办单位</td><td></td><td>主要客人国籍</td><td></td><td>用餐标准</td><td></td><td>人数</td><td></td><td>季节</td><td></td></tr>
<tr><td>宴会时间</td><td>年 月 日 时</td><td>宴会地点</td><td></td><td>接洽人</td><td></td><td>桌数</td><td></td><td>毛利率（%）</td><td></td></tr>
<tr><td>序号</td><td>菜品名称</td><td>规格</td><td colspan="2">烹调方法</td><td>口味</td><td colspan="2">色泽</td><td colspan="2">单价</td></tr>
<tr><td>1</td><td></td><td></td><td colspan="2"></td><td></td><td colspan="2"></td><td colspan="2"></td></tr>
<tr><td>2</td><td></td><td></td><td colspan="2"></td><td></td><td colspan="2"></td><td colspan="2"></td></tr>
<tr><td>3</td><td></td><td></td><td colspan="2"></td><td></td><td colspan="2"></td><td colspan="2"></td></tr>
</table>